みんなのアンラーニング論

組織に縛られずに働く、生きる、学ぶ

法政大学経営学部教授
長岡健

SE
SHOEISHA

はじめに

「学習は手段なのか？」

15年程前のことです。人材育成を描いているドキュメンタリー番組を観ていました。フィーチャーされていたのは当時脚光を浴びていたベンチャー企業の経営者。その仕事に対する考え方には共感する部分が多く、個人の主体性を重んじるワークスタイルや、仕事と家族のバランスを実現しようとするライフスタイルから強いインスピレーションを受けたことを今でも覚えています。でも、そのドキュメンタリーで強く記憶に残っているのは仕事観よりも学習観。

「やりたいことが見つかってないなら、目の前のことを頑張ってみたらどう？　自分探しに悩むより、多くのことを学んでおいた方がいい。知識やスキルを身につけておけば、やりたいことが見つかった時に役立つのだから」

ベンチャー企業経営者が若手社員を指導する場面で発した言葉を聞いて、思わずつぶやいたのが冒頭の一言です。やりたいことが見つかった時に役立つのが「学習」だというのなら、やりたいこと自体はどうやって見つけるのでしょうか。自分にふさわしい仕事や働き方を探索することを「学習」とは呼ばないのでしょうか。とても素朴な問いですが、学習について考える上での極めて重要な視点を含んでいます。

「なぜ、自分は学ぶのか」を考えながら、学ぶことの意義を本気で探り、自分の進むべき方向や、目指したい未来像を見つけ出そうとする。その探索的なプロセス自体が意味ある学習の一部だとみなす。

これが、学習研究者としての私の一貫したスタンスです。つまり、学習とは目的達成につながる知識・スキルを効率的に習得する以上のことを含み、新たな働き方や生き方の創造と実践につながる積極的な役割を担っていると、私は理解しています。そして、「やりたいことが見つかってない」からこそ、目の前のことを頑張るのではなく、自分の進むべき方向や目指したい未来像を積極的に探索することに意義があるのだと思います。

ところが、キャリアやビジネスについては圧倒されるような新しいビジョンを発信する人でさえ、学習については伝統的な考え方を何の疑いもなく受け入れていた。その印象と共に、私はあのドキュメンタリーを記憶しています。

それから15年、学習という言葉からまず連想されるのは、おそらく今でも「テストで良い点を取る」や「資格を取得する」といったこと。目的は何であれ、知識やスキルを習得する活動にはりつけるラベルとしての「学習」。当時のベンチャー企業経営者と同じように、そう考える人がほとんどなのかもしれません。もちろん、それが学習の重要な一側面であることは言うまでもありませんが、ちょっと違った角度から、私たちにとっての「学び」の意味と可能性を考えてみたいと思っています。

この本では、**「働くこと、生きること」**と**「学ぶこと」**の関係を考えていきます。

私たちの働き方や生き方は、「学ぶこと」によってどう変わっていくのでしょうか。もう少し前向きに言ってみましょう。私たちは「学ぶこと」によって、自分らしい働き方、生き方を見つけ、実践することができるのではないでしょうか。学習という活動の意味づけを見直すことでそれは可能になると、私は考えています。「学習＝目的達成のための知識・スキルを効率的に習得すること」という見方を一旦脇において、新たなワークスタイルやライフスタイルを切り開いていく創造的な活動としての学習の可能性を探ってみたいと思います。

この時、働き方・生き方と学習の関係を再構築していくキーワードとして、本書では**「アンラーニング」**という言葉を使います。

社会変化のスピードが急速にアップし、これまで有効だった知見・経験がすぐに陳腐化していく時代を迎えています。また、人々の価値観が多様化する中、経済合理性のみに固執する考え方が、企業活動にとっても負の影響を及ぼすようになりつつあります。

個人にとっては、会社や上司の指示通りに学んでいればよかった時代は終わりつつあり、目指すべき方向を自分自身で見定め、主体的に変わり続けることがキャリアにおいて決定的な意味をもち始めています。

そして、「なぜ、自分は学ぶのか」を考えながら、進むべき方向や、目指したい未来像を主体的に探索し、私たち自身が変わり続けた先にあるのが、古い価値観や慣習にとらわれないワークスタイルや、未来の常識を先取りしたライフスタイル。このような意味での新しい働き方・生き方を、次のように表現したいと思います。

「アンラーニングしながら働き、生きる」

この本では、時代を先取りした新たな働き方・生き方と新たな意味をもつ学習とを結びつけながら、アンラーニング（unlearning）という概念を理解していきます。つまり、アンラーニングには新たな仕事観と新たな学習観が渾然一体となって埋め込まれている。だから当然、アンラーニングに関する議論は「働き方・生き方」と「学習」という2つの視点が相互に絡みあいながら展開していきます。

まず第1部（1章）では、「アンラーニングしながら働き、生きる」ことの具体的なイメージを共有したいと思います。ここでは、古い価値観や慣習にとらわれない、個性豊かなワークスタイルの実践者たちを紹介し、彼/彼女らの振る舞いや考え方の特徴を描いていきます。そして、第2部（2章、3章）では、「新しい働き方・生き方」を探る視点から、「アンラーニングしながら働き、生きる」ことの意味と可能性について考察します。さらに、第3部（4章、5章）では、「学習は手段なのか？」という問いをめぐる探索を進めつつ、「アンラーニングしながら働き、生きる」ことの意味と可能性について考察します。

ただし、本書の根底にある問題意識は、「働くこと、生きること」と「学ぶこと」の新たな結びつきを探ることです。だから、どの章の議論も新たな仕事観と新たな学習観の両方を意識しながら、読み進めてみて下さい。その際、特に意識してほしいのは次のような仕事観と学習観です。

「行動を組織に縛られず、判断を組織に依存しない〝心の自由さ〟をもちつつ、経済的にも精神的にも無理のない〝自然体〟のまま働き、生きる」

「与えられたゴールに向かって走り続けるのではなく、自分はそもそも何を目指し、なぜ学ぶのかを探り続け、成果よりもプロセスを大切にしながら学んでいく」

おそらく、この2つは誰もがすんなり受け入れられる仕事観や学習観ではないと思います。古い価値観や慣習にとらわれないワークスタイルや、未来の常識を先取りしたライフスタイルにつながりそうで魅力的な部分もあるけれど、どこか現実離れしているような感じがするのではないでしょうか。実は、魅力と怪しさの両方を感じてもらうことがねらいでもあるのです。そのモヤモヤした感覚が、「学び」の新たな意味と可能性を考える起点にふさわしいと考えています。

というのも、著者である私の関心は知識伝達をすることではなく、問題提起をすることにあるからです。

予見困難で多様性溢れる時代を生きる大学生や若手社会人が、「そんな働き方ができたらいいなあ」という気持ちと、「でもちょっと難しそう」という気持ちを行き来しながら、あれこれと思いをめぐらし、一人ひとりにとっての新たな仕事観と学習観を紡ぎだしていく。そんなことを期待しながら、「働くこと、生きること」と「学ぶこと」をめぐる探索的で、対話的な思考のプロセスを綴ってみたいと思います。

みんなのアンラーニング論

Contents

3章 脱予定調和的な場を自作自演する …100

3.5章

ここまでの〝旅〟を振り返る

5章 アンラーニング論を語り合う

第1部

アンラーニングする人たち

1章

新しいワークスタイルを切り開く先駆者

「アンラーニングしながら働き、生きる」とは、どういうことか。無味乾燥な用語の定義や箇条書きしたノウハウより、もっと鮮明なイメージを共有することから〝知的探索の旅〟を始めましょう。

このテーマへの関心が芽生えてから15年、多くの実践者に出会い、アンラーニングをめぐる味わい深いストーリーを聞いてきました。その中から、今の日本社会で躍動するロールモデル的存在として、私が特に注目する5人の〝ワークスタイルの先駆者〟を紹介します。

組織に縛られない〝心の自由さ〟

彼/彼女らに共通するのは、大企業に属さず、独自の価値観やビジョンに基づいて行動し、自己実現に進んでいくワークスタイルです。有名な組織に所属し、組織が決めた目標やルールに従い、成果を上げ、出世することが、従来型キャリアの王道でした。それが職業人としての成長を促し、人生を正しい方向に導くと信じられてきました。ところが、これから紹介する5人の先駆者たちは〝王道〟とはまったく異なる道を歩んでいます。

世間が信じるアタリマエにとらわれず、独自の見方や判断を大事にしながら、道なき道をかき分けるようにキャリアを歩んでいく。しかも、楽しそうに、イキイキと。きっちり整備された道路や案内板で表示される進路を時には外れ、でこぼこ道をあちこち探索しては、独自の地図をつくる。そんな旅路そのものを、本当に楽しそうに語るのです。

先駆者たちの中には、かつて大企業の社員だった人もいますが、現在は雇用されない働き方を選び、私生活と調和の取れたワークスタイルを実現しています。まさに、自由な働き方。その自由さとは、雇用されていないという形式ではなく、行動を組織に縛られず、判断を組織に依存しない〝心の自由さ〟です。

今の社会規範を前提にして、その中で「上手く生きよう」とするのではなく、目指すべき社会の未来像を自分自身で描き、社会を構成する個人として「今、何をすべきか」を常に考えながら実践活動に取り組んでいる人たちです。

このように説明すると、誤解をされることがあります。「ちょっと浮世離れした人たちなんでしょう？」

違います。彼／彼女らは決して世捨て人ではないし、趣味の世界に没頭する人たちでもありません。むしろ、強く社会とつながろうとし、社会にとって意味のある価値を生み出すことに喜びを感じている人たちです。古い慣習にとらわれない新しい社会のあり方を考え、その可能性を信じて、公益性の高い仕事にもチャレンジしていく。先駆者たちの行動には、利他的な精神を感じます。

かといって、慎ましく清貧を尊ぶ人たちかというと、その印象とも異なります。彼／彼女らは理想主義者ではありません。継続的に価値を生み出し続けるには、経済合理性も重要であることを知っていて、ちゃんとお金が回る仕組みを考える。大企業には属していないけれど、大企業とも積極的に協業する。そして、社会にとっても、企業にとっても価値の高い仕事を推進していく。現代の資本主義社会の真ん中に生きながら新たなワークスタイルを切り開いている先駆者として、存在感を放っているのです。

組織に依存しない新しいワークスタイル

大きな組織に属さず、個人の思いを実現しながら、経済的にも成り立つ。一見、相容れない3つの特徴が共存した働き方はフリーエージェント（ＦＡ）的と言えるでしょう。

フリーエージェントとは、元米国副大統領アル・ゴアのスピーチライターを務めた経営評論家、ダニエル・ピンクが２００２年に提唱した働き方。組織の庇護を受けることなく、プロジェクト単位で企業とつながって技能を発揮し、独立した個人として成果を出していくワークスタイルです。[1]

大きな組織から飛び出すリスクよりも、組織内の閉じた世界に篭るリスクを意識する。そして、集団凝縮性の高い環境から飛び出し、同調圧力が無力化し、多様性が躍動する世界に身を置くことで、自分自身の進化を促し、激しい社会変化にも適応していく。これは、組織内の打算的な「タテのつながり」よりも、成果や見返りを求めない「ヨコのつながり」を大切にしながら、自由で柔軟な人間関係を拡げていくことを意味します。

もちろん、時間の使い方も自由。組織に決められるのではなく、自分のライフスタイルに合った柔軟な時間の使い方で私生活と仕事をブレンドし、息切れしないワークスタイルを実現している。そんなフリーエージェント的働き方こそ個人の力を引き出し、企業の長期的成長に貢献できるという見方を示した『フリーエージェント社会の到来』は、世界各国で翻訳され、注目を集めました。

ただし、誰もが〝FA宣言〟をして、組織の外へ飛び出す必要はないのです。大切なのは、社会の変化をジブンゴトと受け止める姿勢、権力や損得に縛られない自由な人間関係、そして、ライフスタイルとワークスタイルの絶妙なブレンド。そういうことは、仕事の中ですぐに活かせることですし、組織の中で個性を発揮するためのヒントにもなります。そして何より、先駆者たちの話を聴くにつれ、「知識・スキルの習得よりも圧倒的に大切なことがある」と気づき、古い価値観や慣習にとらわれない〝未来の常識〟を先取りした働き方にチャレンジする勇気をもらえるのです。

「仕事の報酬は学習機会」というスタイル

フリーエージェント的な働き方とはどういうものか。それを実際に体現している人がいます。神谷俊さんです。

2016年に設立した株式会社エスノグラファーの代表として、組織人事、商品開発、地域開発のリサーチとコンサルティングを提供している神谷さん。その傍ら、面白法人

---

1 ダニエル・ピンク（2014）『フリーエージェント社会の到来 新装版』ダイヤモンド社

カヤックやGROOVE Xなどの企業とパートナーシップを結び、地域創生やロボット開発など先進的でユニークなプロジェクトに参加しています。

プロジェクト型の働き方というと、業務委託契約のようなかたちをイメージしそうですが、神谷さんの場合は、金銭的報酬が発生しない契約前の段階から深くコミットしていきます。ブレストや勉強会に参加した流れでそのまま経営者とのワン・オン・ワンを行ったり、突然降ってくる「こんな試みを始めますが、神谷さんはどう思いますか?」という問いかけに答えたり。

「向こうが気が向いた時に相談をしてきて、僕も気が向いた時に応える。お金をいただいていないので、仕事というより趣味に近い感覚です。そこから先、本格的に案件化した時点で業務委託契約を結ぶこともありますが、僕にとってはそれが目的ではありません。ただ、面白いし、興味があるからやっているんです」

組織の内側でもなく外側でもない境界線上に立つ人。自分のポジショニングについて、神谷さんはそう表現します。

「ある会社のことを理解しようとする時に、内側に入り込み過ぎると客観的な観察・分析ができない。かといって、外側に立ったままで意見しても、その会社特有の事情を理解するのは難しい。内外を行き来する存在であれば、会社の内情にシンパシーを抱きながら、冷めた目線で話ができる。僕に求められている役割はそこだし、僕もそれを面白がっているんですよね。『神谷さんは社員にしちゃいけない人だよね』なんて言われます」

結果として、生まれた肩書きは「社外人事」。実際、カヤックのホームページで、神谷さんはそう紹介されています。

ビジネスの相談をするのに無報酬？　社員という立場も要らない？　従来の「働く」のイメージを覆すような話の連続に、驚く人がいるかもしれません。では、神谷さんにとっての報酬は何なのでしょうか。

「ネットワーキングが与えてくれる学習機会です。世の中の先端をつくっているような人たちと、誰も経験したことのない課題について議論する体験は、常に新しい視点や刺激をもらえるし、歯応えのある問いを咀嚼することで僕自身がバージョンアップできる。そして、出会い。自分の世界にいるだけでは出会えなかった人を紹介してもらえる機会も多く、信頼の延長線上に生まれる新たな縁も、さらなる学習機会となり、自分を強化してくれます」

なるほど。では、さらに率直に。「それだと儲からないのでは？」と疑問をぶつけてみました。

「確かに短期的にお金になる方法とは言えませんが、僕にとってはこれが一番〝儲かる〟方法ではないかと思っているんです。『あの会社で社外人事をしている神谷さん』という信頼が僕のブランドとなって、結果として本業の価値も上がる。日々のキャッシュを確保するリサーチやコンサルティングの仕事もやりながら、社外人事のような実験的な仕事を積極的に取り入れて、バランスよくポートフォリオを組むようにしています」

そして、「そもそも……」と神谷さんが付け加えた言葉がとても印象的。

「そんなに儲けなくてもいいじゃないですか」

贅沢な暮らしには興味はなく、自分と家族が幸せを感じる暮らしができれば十分。お金で消費的な快楽を味わうことよりも、面白くて新しい世界と交流できることに喜びを感じると言うのです。ゲーム的な感覚で「お金を稼ぐ」ことを競うような働き方に背を向け、開かれた世界で刺激を交換し合える時間を大切にするのが、神谷さんのスタイル。

実際、私が病気で仕事を休んでいた時期も、何度も会いに来ては楽しい話をしてくれました。療養中の研究者とたわいもない話を何時間もして、本にもウェブにも載っていない最先端の情報をタダで聞かせてくれるなんて、「アイデアをタダだと思うな」なんてことをしばしば口にする〝経済合理性の権化〟には理解不能な行動でしょう。

仕事の報酬は学習機会という神谷さんの考え方を聞くと、相当なハードワーカーかなと思うかもしれません。実は、ゼミの学生の多くが、神谷さんのことを「日曜も祝日も休まず、額に汗をギラギラさせて飛び回っている人」に違いないと想像していたようです。

でも、神谷さんに会うと、それが先入観に過ぎなかったとすぐ気づきます。無理を感じさせない、飄々とした雰囲気で、「今日も娘と遊ぶ約束をしているんです」なんて台詞をさらりと言う。家族との時間もしっかり確保できるように、公私をバランスよくミックスした働き方を意識しているそうです。典型的な1日の過ごし方を聞いてみました。

「毎朝7時に起床したら家族の朝食を用意して、ひととおりの家事育児。9時半に自宅から徒歩5分のオフィスに出かけて仕事をして、お昼になったら自宅に戻って家族とランチをします。食後にまたオフィスに戻って働きますが、16時頃には切り上げて18時まで娘と遊んだ後に夕食を食べ、入浴や読み聞かせ。夜に残った仕事を整えて23時頃には就寝します」

もちろん繁忙期には柔軟に対応するそうですが、ＩＴツールを使いこなし、作業効率を高める工夫をしながら、至って健康的で家族を大切にした働き方と暮らしを実現しているようです。

ここで理解しておきたいのは、このようなポジショニングとライフスタイルを実現できた背景には、神谷さんが自らの独自性をじっくり磨き続けてきたプロセスがあるということです。つまり、周囲が卓越性を認めるレベルまで独自の知識・スキルや経験を磨き続けながら、それらを仕事の中で積極的に活かそうとしてきたこと。インタビューの中で神谷さんは、「知識・スキルなら何でもＯＫではなく、自分のフィールドでの独自性を常に意識していることが大前提」と言いながら、独自性を磨き上げていくプロセスの重要性を繰り返し強調していました。

ビジネス領域における神谷さんの独自性は、リサーチ手法として「エスノグラフィー」の要素を取り入れている点にあります。エスノグラフィーとは、人類学者や社会学者が行っている研究方法です。研究対象者と同じ目線に立ち、共に活動をしていきながら、長期間の密着取材（参与観察）を行います。昔からある研究方法ですが、近年、デザイン思考に有効な手法として取り上げられたことで、ビジネス分野でも脚光を浴びるようになりました。

例えば、企業が事業開発に取り組む際、消費者の目線に立って新たな商品やサービスの可能性を探り、イノベーションへとつなげようとする。このようにビジネスシーンで活用されるエスノグラフィーのことを、「ビジネス・エスノグラフィー」と呼ぶことがあります。神谷さんはこのビジネス・エスノグラフィーのフロントランナーとして活躍しているのです。

特に、調査対象者との対話に膨大な時間をかけ、周辺の関係者にもヒアリングをするような丁寧な調査姿勢には定評があり、本人さえ気づいていない無意識の前提にたどり着けることに、神谷さんの強みがあります。

こういった仕事の仕方は手間暇がかかるので、コスパが悪いと敬遠されがちですが、神谷さんは気にせず楽しんでいる様子。「面白いからやる。意味があると信じられるから続ける」というスタイルが一貫しているのです。

「遊ぶように働く」というスタイル

次に紹介するのは、世の中のアタリマエにとらわれず、経営者として独自の道を歩んでいる〝先駆者〟、ソニックガーデン代表取締役の倉貫義人さんです。

倉貫さんは、元はＴＩＳという大手システム会社で活躍していたプログラマー。社内ＳＮＳを開発する新規事業を社内ベンチャーとして発展させ、現在は、ソフトウェアやアプリケーションを開発する株式会社ソニックガーデンを経営しています。

ソニックガーデンは「ノルマなし、出社なし、指示命令なし」など、社員の自律的な働き方を尊重するユニークな経営で注目されていて、既に２０１６年の時点でオフィスの完全撤廃を実施。その経営者である倉貫さんは、先進的なリモートワークの実践者として、メディアに引っ張りだこです。

ところが、倉貫さんの佇まいは至って自然体。「リモートだ、ホラクラシーだ、ティールだと注目されていますけど、どれも創業当初から掲げていたミッションではないし、とりわけこだわりをもって目指していた訳でもないんです。目の前に現れてきた好奇心をくすぐることに反応して、とりあえず『やってみよう』と取り組んできた。そんな試行錯誤を積み上げてきた結果でしかなくて」と、肩の力が抜けています。

子どもの頃からプログラミングが大好きだったという倉貫さんは、会社員となってからもプログラミングの仕事に没頭。その一方で、「このまま出世してマネジャーになって、現場を離れるのはつまらないなぁ」という思いをぼんやり抱えていたそうです。20代後半になり、「独立したい」と会社に告げるも、採用時にお世話になった専務との対話の中で、「辞めるなら、自分の名前で仕事を受注できるほど有名になって、仲間をつくってからにしなさい」と助言を受け、素直に「辞めるのをやめる」ことを経験。その後は、最年少で役職に就くなど、際立った成果を挙げていたというのだから、周囲からはビジネスパーソンの王道を歩んでいるように見えたでしょう。

でも、倉貫さん本人は満足していなかった。次第に「せっかくいい仲間たちに恵まれてチームを育てていっても、結局、人事異動や社内事情で引き離されてしまう」という割り切れない気持ちが増していったと語ってくれました。つまり、プログラミングの仕事を気の合う仲間とずっと楽しめる環境をつくりたい。その思いを実現するために、倉貫さんが選んだ手段が起業だったというわけです。

そして、集まった仲間たちの顔ぶれを見て、さまざまな意味で「プログラマー中心の会社にしよう」と思い立ち、開始したのが「納品のない受託開発」と呼ばれるビジネス。従来のやり方とは異なり、完成品を販売してビジネスを完結するのではなく、メンテナンス・サービスを継続的に提供していく月額定額型のソフトウェア開発。このビジネスモデルが画期的だと話題になったのは、サブスクという言葉もほとんど使われていなかった時期のこと。倉貫さんの先進的な発想を示す事例だと言えます。

その後も、リモートワーク導入など、企業経営と働き方についての古い慣習や固定観念を次々と取り払っていった倉貫さん。自分のキャリアを振り返って、独立を目指そうと思ったきっかけについて話してくれました。

「入社して数年経ち、ソフトウェア納品後の改善に柔軟に対応できる方法はないのかという問題意識が芽生えた頃、アジャイル開発というキーワードに出合いました。ユーザーの声を聞きながら、完成後もソフトウェアのアップデートを重ねていくという考え方に強く共感して、もっと知識をつけたいと思いました。ところが、社内ではなかなか機会に恵まれず。ならばと社外の勉強会に参加してみたら、一気に世界が広がったんです」

さまざまな経歴をもつ社外の人たちとのネットワークをもったことで、会社が敷いてくれた路線を頑張って走り続けるだけがキャリアではなく、転職・独立・起業といった多様な選択肢があることを、倉貫さんは実感していきました。

「本を出しているような業界の有名人も、飲み会で一緒に話したら案外〝普通の人〟。自分も何かできるんじゃないかって、大それた気持ちになれたんです。中には大手企業に所属しながらアジャイル開発に挑戦している人もいて、『会社にいながらでもやりたいことはできるんだ』と背中を押してもらったこともありました」

ここで私が注目したいのは、「先入観抜きの自由な対話から気づく」という倉貫さんの思考と行動のスタイルです。名の知られたビッグネームの話を一方向的に聞くよりも、〝普通の人〟に直接会って、先入観をもたずに言葉を交わし、自分にとって刺激になる声を拾い出す。そして、対話の中から働き方や生き方を変えるきっかけを見いだし、自分自身の固定観念から自由になって、行動に結び付けているのです。

聞けば、社外の世界に飛び出すきっかけも、たまたま参加した社内研修の講師との対話の中で「今度、こういう勉強会があるよ」と誘ってもらったからだとか。先述の専務との対話のエピソードしかり、先入観のない自由な対話を通じて、自分自身を解き放ってきたことがわかります。

そう伝えると、倉貫さんは「割と人の話を聞くのは好きなほうかもしれませんね。でも、自分から積極的に話しかけるかというと、そうでもない。実を言うと、僕はいつも受け身なんです」と、面白い自己分析を付け加えてくれました。

「引っ込み思案で、初対面の人と話すのも苦手。立食パーティーに行くとすぐに帰りたくなる引き篭もりタイプです。それでも世界を広げたい僕がとってきた作戦は、ブログや本で〝発信〟すること。僕なりにいいと思って始めたトライアルや、失敗も成功も交えた体験談を発信するようにしたら、それに共感してくれる人が向こうからアクセスしてくれるんですね」

話題豊富で社交的な人でなくても大丈夫。自分なりの〝作戦〟を立てて、開かれた世界へ飛び出して人と出会い、対話を繰り返していけば、働き方や生き方を変えるきっかけを掴むことができる。倉貫さんの話を聞いているとそう思えてきます。実は私自身も、倉貫さんのブログを読んで「面白い。ぜひ授業で話をしてほしい」とオファーを出したひとり。発信作戦にまんまと引っかかりました。

倉貫さんの話を聞けば聞くほど、その姿は起業家のイメージとギャップがあるように感じます。例えば、企業としての数値目標、利潤最大化のための事業戦略、事業規模拡大のビジョンについて。多くの起業家が情熱的に語るであろうこれらの事柄が、今回のインタビューではほとんど語られませんでした。さらに言えば、企業価値の上昇スピードを競い合う〝ゲーム〟にはさらさら興味がない。倉貫さんはそんな空気感をまとっているのです。

「おっしゃるとおり、僕は毎月の収支のバランスを見て、最低限の利益をキープするくらいの感覚でしか、経営数字を見ていません。会社経営の動機は人それぞれで、利潤最大化という目的を否定するつもりはありません。ただ、僕にとって会社経営は『仲間と好きな仕事を続けていきたい』という願いを叶えるための手段だから、企業規模の拡大や、株式上場は特に目指していない。逆に、それらへの執着を捨ててしまえば、皆がハッピーでいられるのだと気づき、実践してきただけの話です」

短期的な損得勘定では動かない経営スタイルは、「部活動」という仕組みにも表れています。一般的な会社では、任されている案件が早めに終わると、「じゃ、これもやって」と別の案件が次々に降ってきて、仕事を素早くこなせる人ほど給料が高くなるものです。しかし、ソニックガーデンでは仕事が早く終わっても追加の仕事をアサインせず、

「お金にならなくてもいいから、好きなプロジェクトに取り組んでいい時間」（＝「部活動」の時間）を付与することにしているそうです。だから、給料面での差がつきにくくなる。でも、「それでモチベーションは上がるの？」という疑問が湧いてきます。すると、倉貫さんはこう答えるのです。

「受注開発の仕事が早く終われば、好きなことができる。すると、受注仕事のモチベーションも自然と上がるし、『部活動』として取り組むプロジェクトも好きなことだから、すぐに成果が出なくても諦めず続けていく。そして、長い試行錯誤の結果として成果が出て、事業化したケースがいくつかあります。会社にとって、部活動にかかるコストは『部費』だから、新規事業のようにコスト回収を気にして『進捗、どう？』と聞くこともない。稼ぐ仕事をしながら、稼ぎにならない好きなこともできる、珍しい会社なんですよ」

まさに「遊ぶように働く」ワークスタイル。倉貫さん自身も、すべての仕事を楽しんでいる様子が伝わってきます。

「遊ぶように働く、と言う時に僕が強調したいのは中心にくる動詞が〝遊ぶ〟ではなく〝働く〟であること。つまり、あくまで主体は仕事であり、仕事とは誰かの役に立つこと。だから、『お金をもらえる』のは、誰かの役に立った結果にすぎない。では、役立つ仕事をする時に苦しそうな顔をしているのか、楽しそうな顔をしているのか。僕は後者でありたいし、皆がそうなる場所として会社を維持していきたいんです」

「遊ぶように働く」という言葉には揺らぐことのない仕事観が埋め込まれているということです。倉貫さんの言葉には消費的・享楽的な意味での「楽しみ」というニュアンスが含まれていません。つまり、個人の趣味をやってお金を稼ぎたい訳ではなく、あくまでも人の役に立つことに取り組んで、それ自体を楽しむ。10年の企業経営を通じて、そんな仕事観を実践している倉貫さんだから、とても説得力があります。

決して力まず淡々と独自路線を行く倉貫さん。インタビューの最後に、「『人と違う』と言われること、本流から外れることに怖さはないですか?」と聞いてみました。すると、返ってきたのは、「怖さはないです」という答え。

「なぜならば、僕はいつもマイノリティだったからです。小学校にも通えない時期が長く、中学受験も失敗。高校は私立の全寮制の学校に入りましたが、スポーツ推薦枠で入った同級生ばかりで馴染めず、いつしか〝傍流〟にいることに慣れていました。会社でも、フツウの出世コースから自ら外れて異端扱いされてきましたし、『メジャーになりたい』と思ったこともないです。でも、きっと世の中の人は誰もが、どこかの部分ではマイノリティ的な要素をもっているはずなんですよね。生き方の正解はひとつじゃないし、それぞれの人が好きな選択をすればいい。異端であることを恐れなければ、新しい世界が開けるんじゃないかと思います。僕はそっちの生き方を楽しんでいます」

「見返りを求めない人間関係」というスタイル

倉貫さんが企業経営を通じて「利益追求だけじゃない仕事の意味と可能性」を探求している人だとすると、次に紹介する青木純さんは、街づくりを通じて「見返りを求めない人間関係の意味と可能性」を探求している人だと言えます。

行政関係者中心に進められてきた街づくりの世界にさまざまな業界のプレイヤーを巻き込みながら、街を舞台とした多様な人々の活動を支援する青木さん。その仕事ぶりを見ていると、絶えず多くの人を巻き込みながらプロジェクトを進めていくスタイルに惹かれます。

その象徴的なプロジェクトが、２０１６年からの南池袋公園のリニューアルと、２０１７年からのIkebukuro Living Loopです。

２０１４年5月、日本創生会議が８９６の「消滅可能性都市」を発表しましたが、その中に東京23区で唯一、豊島区がありました。池袋のような大きな繁華街がある豊島区が、「少子化や人口移動などが原因で将来消滅する可能性がある自治体」と言われると驚きますが、豊島区の住民や自治体関係者にとっては受け入れ難いことだったのではと思います。でも、豊島区の対応は早く、魅力的な街づくりに向けた動きがすぐに始まりました。

そんな中、「市民が主役となる表現と憩いの場」として南池袋公園を再生するプロジェクトが２０１５年に発足。そのリニューアル・オープンの演出を任されたのが青木さんだったのです。

青木さんはこのオープニング・イベントに人々を巻き込みます。有名人の名前と顔を並べる代わりに、自身が立ち上げた市民ネットワーク「としま会議」でつながった仲間を呼び、主役に抜擢したのです。

その顔ぶれは、普段異なる世界で活動する人たち。彼／彼女たちそれぞれが好きなことや特技をもち寄って公園に集い、こだわりの食材をマーケットに並べたり、ヨガのワークショップを即興で行ったり、思い思いの楽器でジャズを奏でたり。そして、みんなで乾杯。

青木さんに巻き込まれた主役たちの音楽や笑い声に引き寄せられて、今度は家族連れや若者たちが〝巻き込まれて〟公園に入ってくる。人々が芝生の上でリラックスして過ごす、なんとも平和な光景が広がる1日の様子は、動画[2]にも残されています。

南池袋公園のプロジェクトでは、「人を巻き込む」という青木さんのスタイルがストレートに発揮されていました。大規模なイベントであっても有名人を呼んで世間受けをねらうようなことはせず、気の合う仲間と楽しむことで「市民が主役となる表現と憩いの場」を体現する。短期的に儲かるかどうかよりも自分のビジョンを優先する、際立った自立性を感じます。

青木さんのスタイルを更に深く読み解くヒントは、２０１７年に始まり、「無印良品」を展開する地元企業・良品計画を巻き込んだコラボレーション・イベントIkebukuro Living Loopにも見いだせます。ただし、２０１７年5月の開始当初は、グリーン大通りで月1回開催するマルシェ・イベントがうまくいかず、苦労したそうです。

「グリーン大通りに出店してくれる人を探しても『公園には興味があるけれど、ストリートだったら店を出したくない』という反応がほとんど。公園での出店者8組、ストリートはゼロでした。まあ、そんなすぐに結果は出ないと思ってたんで、全然焦ってはいなかったけど、行政の担当者から嫌みを言われたのは、悔しかったなあ」

2　MINAMI IKEBUKURO PARK opening movie
https://vimeo.com/163057777

ここからが青木さんの真骨頂。嫌みにはムッとしても、短期的な評価は気にせず、自分のスタイルを貫いてしまった。それは、利益、名声、評価といった打算を切り捨てた、見返りを求めない人間関係を構築していくスタイル。

「時間をかけ、手間をかけ、続けていく。そのプロセスの中で、同じ船に乗る仲間を増やしていく。自分が一番やるべきことは、儲け話に乗ってくれる人を説得することじゃないし、有力者とのコネをつくろうと躍起になるのも違うと思う。損得じゃない人間関係を、マルシェに出店する人との間で深めていくことなんだと考え、成果や見返りを求めないコミュニケーションを重ねていきました」

青木さんの考える人間関係はビジネス的なコネとは違うものです。ビジネスパーソンが人間関係を「コネ」と表現する時、そこには金銭的ないしは権力的な見返りを求めていることが読み取れます。もちろん、人を資源とみなす立場からは、人間関係に経済合理性を求めるのも当然かもしれません。しかし、青木さんが人を巻き込みながら築いているのは、経済合理性とは違う独自の価値観に基づくネットワークです。おそらく、「こういう仲間といること自体が楽しい」という思いが動機となっています。

グリーン大通りのマルシェにボランティア・スタッフとして参加していた学生の文章を読んでいると、見返りを求めないネットワークが青木さんの周りにできていく様子が目に浮かびます。

「新しく参加するキャストが多い日などのマルシェの朝には、（青木）純さんが『まずみんながマルシェを楽しみましょう。お酒も飲んでいいし、出店者ともどんどんコミュニケーションとってください。マルシェが始まったら、まず、楽しんでください。』と言う。運営サイドのキャストだからとやっていけないことがあるわけではなく、一番にこの場を楽しんでほしいというのだ。

見ていると一番マルシェを毎回楽しみにしているのは（青木）純さんだと思う。お酒も飲むし、買い物もたくさんする。そして、キャストの仕事で一番重労働な屋台の組み立て解体も率先してやる。毎回マルシェをつくることを他のキャストと共に地道に続ける（青木）純さんを見ていると、このチームにまた参加したいと思える。あるコーヒー屋の出店者さんと話していた時も、『ｎｅｓｔ[3]さんはこのマルシェにすごく思い入れが強いですよね、街を本気で変えようと思っているのが伝わります。だからこのマルシェ好きなんですよね、参加したくなるんです。』と言っていた。（青木）純さん達のあの楽しむ姿が、人をこの場に引きつけているのだなと思った。

　ボランティアとして手伝うキャストもそうだった。キャストには高校生から企業に勤める社会人や主婦までさまざまな人がいた。みんなマルシェのビジョンに共感して、こんな場をつくりたいと思って参加している。まちづくりに関する企業に勤めている人がわざわざ休日に先進的事例であるといってマルシェに参加しているのもだいぶ驚いた。

　そんな人たちと、まちづくりについては無知な私でも一緒にチームとして場を共有しつくっていることが楽しかったので、ほぼ毎月マルシェのボランティアキャストをするようになった。さらに当日の運営だけでなくウェブでの広報も行うなどマルシェの活動にもさらにいろんな方法で長期的に取り組むようになっていた[4]」

ここで着目したいのは、青木さんの周囲に広がる非利潤追求型のネットワークが「結果としてのビジネス」に結びついていくことです。ネットワークからビジネスが生まれるのは結果であって、当初からそれを目指して人間関係を作っている訳ではないのです。それが「しばらくすると、徐々に『青木さんが言うのなら、ストリートに店を出してもいいよ』と言ってくれる人も出てきたんです」という言葉の意味だと思います。

ただし、難しいのは「結果としてのビジネス」にどう結びつけるか。単に「楽しかった」で終わらずに、しっかり成果になっていることに注目すべきです。どうして仲間づくりがビジネスに結びつくのか？　以前から聞いてみたかった質問を青木さんに投げかけてみました。

3　青木さんが代表取締役を務める株式会社nest。事業内容は、公共空間施設の運営マネジメント。

4　高村南美（２０１８）「開かれた世界に生きるには」『未熟なイノベーター達の越境物語vol.7』法政大学経営学部・長岡研究室、pp7－32.

「自分と違う人は、皆すごい人。僕はいつもそう思っています。出会った瞬間にリスペクトするのですが、同時に相手の弱みも見抜くのが得意です。僕のダメなところも最初からさらけ出します。そうすると、自然体で裏表なく付き合える関係が持続しやすいですね。相手の魅力がわかると、『あの人と掛け合わせたら面白くなりそうだな』というアイデアも浮かぶ。街づくりはキャスティングだって、僕はよく言うんです」

つまり、「仲間といること自体が楽しい」といっても、それは消費的・享楽的な意味での楽しさではありません。あくまでも「仕事を楽しむ」という意識に突き動かされた行動です。だから、青木さんはいつでも街づくりの話ばかりしている。仲間と街づくりの話を楽しんでいて、娯楽や趣味の話で盛り上がっている訳ではないのです。まさにシリアス・ファン（serious fun：真面目に楽しむ）です。

損得勘定を超えた仲間とのシリアス・ファンな対話は、青木さんの活動の多様さとも結びついているようです。

実は、青木さんは会社員としてキャリアをスタート。会社員として高く評価されながらも、飛び出す決意をした人なのです。20代は不動産業界の2社でキャリアを積み、社内表彰を受けるなど高い評価を受けていましたが、祖父の代から続く地元・豊島区の大家業を継ぐ決断をしたのだそうです。

2011年に大家に転身した青木さんは、引き継いだ築28年のマンションの改革に着手。賃貸住宅でありながら、契約者が自由に壁紙を替えられる「カスタマイズ賃貸」や、マンション内に設置した「職住一体型コワーキングスペース」で注目を集めました。

その後、〝育つ賃貸住宅〟がコンセプトの8世帯共同住宅「青豆ハウス」の立ち上げや、ジェイアール東日本都市開発が旧国鉄社宅を50世帯の賃貸住宅にリノベーションした「高円寺アパートメント」の運営に携わるなど、青木さんのコミュニティ賃貸の取り組みは業界内外で話題を呼びます。

現在、大規模な街づくりプロジェクトの企画・運営を手掛ける一方で、青木さんは「都電テーブル」など地域密着型の飲食業にもチャレンジしています。インタビューをした2020年初夏は、コロナ禍で規模を問わず、飲食店が大打撃に喘いでいた頃。「大変ですよ」と言いながらも、これまでの成功に固執することなく、新たなビジネスに取り組む姿は、まるで自分の軸をスクラップ・アンド・ビルドして楽しんでいるように見えました。

そのことを青木さんに伝えると、とても興味深い答えが返ってきました。

「自分の軸とは違うけれど、大事にしたいビジョンはありますよ。それは『暮らしをデザインする』ということ。暮らしを楽しもうとする人を応援する仕事も、もっと現実的でシビアなビジネスをつくっていく仕事も含め、自分の仕事の可能性をどこまでも広げられるビジョンだと思ってます。でも、このビジョンに固執してはいないし、自分の軸としての長期目標みたいなものをもってはいないです。だって、10年後の自分なんて、わかりっこないですから。『自分とは何か』は、後から振り返った時にわかるもの。やる前に、自分の可能性を縛るようなことは考えないです」

その話を聞きながら、ふと思ったのは、「青木さんは〝ブレる〟のを気にしない人だな」

ということ。だから、結果至上主義に陥らず、試行錯誤を繰り返しながら、未来を探索していくことができる。自分が立てた目標や計画にも執着することなく、自由な発想で仕事を膨らませることを楽しんでいるんだと思います。

「活動にラベルを貼らない」というスタイル

次に紹介する〝先駆者〟は、認定NPO法人マドレボニータ創設者で、現在はNPO法人シングルマザーズシスターフッド代表として活躍する吉岡マコさんです。

ダイバーシティが社会の重要課題と認識されるずっと以前から、産後女性の心身を整えるケアプログラムの提供や、インストラクターの育成を通じて、女性の多様な生き方を支援してきた吉岡さんはとてもパワフル。ケアプログラムに参加してくる人々の支援に加え、出産をめぐるさまざまな社会的問題を提起する『産後白書』を発行したり、本やメディアを通じて、社会に向けたメッセージを積極的に発信するなど、社会起業家のロールモデル的存在として広く認知されています。

近年は、ひとり親家庭の支援に活動の主軸をおき、2020年11月に設立したNPO法人シングルマザーズシスターフッドの代表として、コロナ禍で深刻な状況にあるひとり親家庭の支援にエネルギーを注いでいます。

社会起業家としての吉岡さんの存在は際立っていて、GoogleインパクトチャレンジWomen Will賞やAmerican Express Leadership Awardの受賞など、華々しい業績をもっています。当然、社会起業家のロールモデルとして「舞台の上」にいる彼女の姿に目が行きがちですが、本当に注目すべきは「稽古場の風景」だと、私は考えています。

実際、今取り組んでいる「社会起業家の仕事ではない活動」について話してもらうと、その幅広さと注ぐエネルギーの大きさに驚きます。社会起業家として産後ケアやひとり親家庭の支援をする一方で、吉岡さんが〝仕事〟と同等の位置づけで取り組んでいる〝仕事じゃない本気の活動〟はこんなこと。

SDGsの普及・啓発活動に本気で取り組んだり、映画製作に関わる若者たちの支援に奔走したり。さらに最近では、家庭の生ゴミから培養土づくりを楽しむ「コンポスト」

にのめり込み、アドバイザーの資格を取るためにわざわざ福岡まで行ったり。

「面白そうと思ったら、とにかく飛び込んでみるんですけど、その時、仕事とか、本業とかの感覚が、私の中ではないんです」

そう話す吉岡さんは、本業だけでも忙しいはずなのに、いつも溌剌とした笑顔で、新しく始めた勉強や、のめり込んでいる活動の話で盛り上がります。社会起業家としての仕事についても、最初から社会的に価値のある〝仕事〟を成し遂げようと意気込んでいた訳ではなく、目の前にある好奇心をそそられることや、心が揺さぶられることにその都度反応し、仕事になるかは一切気にせず「よし、やってみよう」と突き進んでいった。

その結果、たまたま社会起業家としてのキャリアの足跡ができあがって、「社会起業家としての吉岡マコ」に人々の目が向いたのだそうです。ある意味、世間が勝手に「社会起業家としての吉岡マコ」に注目しているだけで、吉岡さん本人にとっては、「映画監督を支援する吉岡マコ」も「培養土づくりアドバイザーの吉岡マコ」も等しく〝自分〟

であり、そこに仕事と仕事以外の明確な境界線はないということです。

つまり、吉岡さんは「これは仕事」「それは趣味」「あれは学習」といったラベル貼りをしない人。だから、過去の成功にも執着することがない。〝本業〟で際立った実績を挙げた今でも、「ラベル貼りをしない」スタイルを貫いている。新たなチャレンジを続ける吉岡マコさんの原動力がここにあります。

そんな吉岡さんがここ数年最もエネルギーを注いでいるのが、次世代リーダーの育成。教室立ち上げから20年以上かけて育てたマドレボニータという組織にも執着がないらしく、このＮＰＯをさらに発展させるには、創設者はできるだけ早くバトンを渡すべきと考えていたようです。そして、２０２０年12月に認定ＮＰＯ法人マドレボニータは次世代リーダーに引き継がれました。

新たなＮＰＯ法人を立ち上げた現在も、吉岡さんのスタイルは変わりません。ＮＰＯという組織形態の新たな姿を探りたいと思い立ち、『ティール組織』[5]を題材にした勉強会を重ねたり、１ヶ月以上も日本を離れ、海外のリーダーシップ・プログラムに参加している姿は、社会起業家のロールモデルとなった現在でも相変わらず自由奔放。仕事でも、趣味でも、学びでも、境界線を引くことなく自由に動き続けることが、「社会起業家としての吉岡マコ」にしなやかで、凝り固まっていない強みをもたらしているように映ります。

「これってすごく大事なことだな。もうちょっと知ってみたい。そう感じたら、仕事に関係あるなしを気にせず、自分からドアをノックしにいきます。『こういう機会があるので参加しませんか』とオファーをいただけた時には、『声がかかるからには、何か意味があるのだろう』と考えて、ちょっと背伸びが必要な場にも飛び込んでみることが多いです。過去との連続性や整合性はあまり気にしません。全部、その後の自分次第でつながっていくものだと思うので」

5　フレデリック・ラルー（2018）『ティール組織』英治出版

常に興味のアンテナをアップデートする吉岡さんの行き先は、本人すら予測できないのだと言います。

「私のことを『ブレているように見える』と言う人もいますが、そう見えても仕方がないですね。でも、私の中では最終的につながっていくものなんです」

多くの人がキャリア・デザインで意識している「自分の軸をもて」とか、「ひとつの分野を究めるべき」といったことへのこだわりはなく、その時々で出会う興味や関心に対して素直に突き進む。そして、違うタイミングで、バラバラに始めた活動の経験を、徐々につなげて、新たな意味を見いだしていく。

吉岡さんのキャリアの歩みに共通するのは、自分の内側から湧き起こる「やってみたい」という内発的な動機。損得勘定ではなく、純粋な知的好奇心から活動領域や人間関係を広げていくスタイルはなんとも爽快です。そんな吉岡さんの周りには、どこでどうつながったのかわからない不思議な仲間が集まり、ちょっと怪しくて楽しそう。

今回、吉岡さんにあらためてインタビューをお願いした際、彼女のキャリア観を象徴する、ちょっとしたシーンがありました。「吉岡さんにとって、キャリアの転機は?」と質問したとき、彼女が少し答えにくそうな表情を浮かべたのです。それが私には印象的でした。

吉岡さんと初めて会った時、彼女のキャリアを波瀾万丈のストーリーとして理解する私がいました。でも、直接話を聞く機会が増えるにつれ、彼女自身にとって、歩んできた道程はどれもつながっていて、劇的な変化の瞬間と言えるエピソードが本人の記憶にはないのかなと思えてきました。仕事と趣味の境界線を引かず、直感と好奇心をフル回転して活動を広げているキャリアは、絶えざる変化の連続が日常を構成していたのではないでしょうか。つまり、変化とは特別な出来事ではなく、日々起こる当たり前の出来事。

そんな推察を伝えると、吉岡さんは頬を少し緩めて「たしかにそうかもしれないですね」と答えました。ただし、目指すべき社会の未来像が〝ブレる〟ことはありません。「どんな人でも、その人らしく輝ける社会を実現したい」と力強く語る吉岡さん。仕事という枠組みに縛られることなく、自由で多様な活動を楽しみながら、自ら描いた社会像の実現に向かってキャリアを歩んでいる。そのバランス感覚が絶妙なんです。

「実務家として社会を描く」というスタイル

最後に紹介するのは、クルミドコーヒー店主の影山知明さん。今ある社会規範を受け入れ、その枠の中で「上手く働こう、生きよう」とするのではなく、目指すべき社会像を自分自身で描きながら、新たな社会の可能性を〝ビジネス実践者〟として追求している人です。

東京・西国分寺で2008年から開業しているクルミドコーヒー。人々が味わいに来るのはコーヒーやスイーツだけではありません。個性的な本の出版イベント、若手演奏家によるアットホームな音楽会、店主自らが司会者として場を仕切る対話の会。リラックスした雰囲気の中で、ゆったりと始まるユニークな活動の周りに人々の輪が幾重にも広がっていき、このカフェ独特の魅力を創り出しています。

「お客さん、スタッフ、そのほか店に関わるすべての人のポテンシャルが最大限発揮され て、結びつき合い、さらに輝いていく。ただそんな場であろう。いつもその事だけに意識を向けています」

こう語る影山さんは、カフェ店主とは別の顔をもっています。著述家、編集者、出版人、そして、哲学カフェの主宰。こういった活動を通じて発信される独自の社会ビジョンは、カフェ経営や地域振興といった範囲を越えた多くの人々の注目を集めています。そして、経済至上主義的な発想に疑問を投げかけ、本当の豊かさとは何かを問い直していく影山さんのメッセージは、営利性と公共性の共存がソーシャル・デザインの重要なテーマであることを示唆しています。また、著書『ゆっくり、いそげ』[6]の中で描かれている世界観に共感し、「クルミドコーヒーで働きたい」と希望してくる若い人々は後をたたな

6　影山知明（2015）『ゆっくり、いそげ──カフェからはじめる人を手段化しない経済』大和書房

いようです。

ここまでの説明を聞いて、影山さんが吉岡マコさんと同じ社会起業家だと感じられるかもしれません。確かに、営利性と公共性の共存を目指すビジョンは人々を魅了し、影山さんが描く社会像はメディアで頻繁に取り上げられています。実は私自身も、『ゆっくり、いそげ』を読んで「ぜひ話を聞きたい」と押しかけたひとりです。

ただし、今回私が紹介したいのは「社会ビジョン発信者としての影山知明」ではなく、「ビジネス実践者としての影山知明」なのです。

経済合理性だけで良し悪しを判断せず、一人ひとりの思いや結びつきを重視する影山さんの社会ビジョンは、公共セクターの発想に近く、営利性や生産性といった言葉との相性は悪そうに思えます。ところが、影山さんは〝ビジネス実践者〟というポジショニングをとり続けています。むしろ、ソーシャル・デザイナーとしてではなく、ビジネスの実践者として新たな社会の可能性を追求していることに、強烈な存在感があります。

「非経済的価値を重視する社会ビジョンの提唱者」という役割と、「飲食、出版、通販などの事業を展開するビジネス実践者」という役割。一見相入れない2つの役割を行ったり、来たりしながら相乗効果を発揮するスタイルは、一体どこからきているのでしょうか？

実は、影山さんはグローバル資本主義的なビジネスの有り様を深く知る人なんです。新卒で入社した会社は、大手外資系コンサルティング会社のマッキンゼー・アンド・カンパニー。そして、ベンチャーキャピタルのファンドマネジャーへの転身。大手企業から億単位の資金を預かり、成長が期待されるベンチャー企業への投資と経営支援をしていたそうです。まさに経済合理性が貫徹する資本主義社会の真っ只中を駆け抜けながら、影山さんはある思いを募らせていったのだと振り返ります。

「僕が出会った事業家のほとんどは、『世の中の役に立ちたい』という利他的な動機でビジネスを始めた人たちでした。ところが、創業から3年、5年と経ってステークホルダーが増えてくると、『今期の売り上げは？』『利益は？』と目先の数字にとらわれるようになってしまう。そこには〝システムの力学〟が働いていると感じました。資本主義というシステムの力学です。個人としてはほとんど誰も望んでいないはずの利潤最大化という〝目的〟に、いつの間にか皆が向かっていく。そして、人がただの〝手段〟になってしまう。この力学から逃れた世界をつくれないだろうか。それが問題意識でした」

影山さんの社会ビジョンの根幹にあるのは、一人ひとりが豊かさを実感できる社会。だから、利益も生産性もそのための手段に過ぎない。でも、経済的価値の獲得のみを徹底追求する資本主義という〝システムの力学〟が働くことで、目的と手段が入れ替わってしまった。そんな社会に私たちは今生きているのではないか。影山さんはそのメッセージを自分自身に向かって投げているように、私には見えるのです。

つまり、影山さんの社会ビジョンは、同時に、事業家としてのビジネス哲学でもあるということです。だから、彼が描く社会像は、理想主義者の絵空事ではなく、目の前の現実に直結したジブンゴトとして伝わってきます。

そして、あくまでもビジネス実践者として新たな社会の可能性を追求しようとする独特のスタンスは、歩んできたキャリアに起因しているのだと影山さんは語ります。

「〝当事者〟になることが重要でした。前職までに経験してきた経営を支援する立場では、どんなに寄り添っても最終的な責任をもつ当事者にはなれない。監督や審判ではなく、選手としてボールを蹴る側になりたいというもどかしさを、ずっと抱えていたんです」

社会ビジョンの発信者として全国を駆け回り、豊かさとは何かを人々に問いかける現在でも、影山さんはベンチャーキャピタル時代に支援した企業の経営にも携わり続けています。そして同時に、コンビニで100円のコーヒーが買える〝コスパ重視の時代〟に、豊かなメッセージが込められた1杯650円のコーヒーをゆっくりと味わうカフェを経営しているのです。素材や製法に手間をかけ、メニューの文面一つひとつに心を込め、一人ひとりの顧客に丁寧なサービスを提供する姿勢そのものが、本当の豊かさとは何かと私たちに問いかけてきます。まさに「人を手段化しないビジネス」の当事者だから伝わるメッセージです。

この「人を手段化しない」という影山さんのビジネス哲学（＝社会ビジョン）は、目的達成の効率よりも、目的達成までのプロセスを大切にする姿勢に、特に色濃く反映されています。

「成果やゴール、つまり〝目的〟を最初に定義して、いかに最短距離で到達するかを追求し始めると、そこまでの道のりは〝手段〟になってしまう。そこに向かう途中の出来事や思いは目的達成に役立つかどうかだけで判断され、それ以外の可能性は無視される。でも、何が自分にとって意味あることかは、実際にやってみないとわからない。旅の途中と同じで、最初から何が意味あることかがわかっている訳ではない。さまざまなハプニングを乗り越えながら旅を続け、家に戻ってきたとき、初めて経験の意味を見いだせるんです。だから、僕はスタッフが何かを発案した時に、『それをやる必要性はあるのか？』を問うことはしません。大切なのは、『やりたい』という気持ちがどこまで強いかであって、どんな成果が見込めるかをやる前に明確にすることじゃない。『本当にやってみたい』という本人の熱意が伝われば、十分に始める理由になると信じています」

ビジネスにおいて、事業計画をつくること、PDCAを実行することの重要性は言うまでもありません。影山さんもそんなことは百も承知です。でもあえて、目標達成型の思考、バックキャスティング的な発想の問題を指摘し、「未来のことなんてわからないし、考えない。今この時点しか見ていない」と挑発的な発言をする。それは、計画づくりに躍起になり、未来を予測することで〝まやかしの安心〟を手に入れようとするビジネス実践者への辛口なメッセージのように思えます。

インタビュー中、何くわぬ顔で「1年後の店の姿も予想できない」と言った時、影山さんは社会ビジョン発信者の顔をしていました。「事業計画や経営目標に隷属せず、本当の幸福感を追い求めるべき」という厳しいメッセージは、「社会ビジョン発信者である影山知明」が「ビジネス実践者である影山知明」に向かって投げていたのだ。やはり、私にはそう思えるのです。

では、ビジネス実践者としての影山さんは、そのメッセージにどう応えるのでしょうか？　目的と手段を履き違えないために、組織のリーダーとして意識するのは、組織メンバーの内面にある〝種〟を見ることだと、影山さんは言います。

「人にはそれぞれ、その人特有の種が眠っています。種が芽を出すには土が必要ですが、その土の役割を果たすのが、僕でありチームです。ただし、種がいつ芽を出すかはわからない。『この四半期のうちに芽を出せ』と無理やり急がせると、いびつな芽になり、花も咲かないでしょう。でも、店を開けてコーヒーを淹れる日常を続けていく。すると、忘れた頃に誰かの種が発芽する。そのリズムの中で、新しいことが生まれ続けてきましたし、最近は僕がいなくても頼れるスタッフも増えてきました。丁寧な関わりを持続すれば、仕事の質や量は底上げされるのだと確信しています。目指すものがあるとしたら、ゆっくり進むほうが、早くたどり着けるんじゃないか。僕はいつもそう思っているんです」

こんな風に、巧みなメタファーをさりげなく使いこなすところも、ビジネス実践者であると同時に、社会ビジョン発信者でもある影山さんの魅力なんだと思います。

先駆者の個性を際立たせる3つの原動力

「アンラーニングしながら働き、生きる」とは、どういうことか。その豊かで鮮明なイメージを共有するために、用語の厳密な定義や理論的背景の説明はひとまず脇に置いて、新しい働き方のロールモデル的存在として躍動する5人の先駆者を紹介してきました。

- 仕事の報酬は学習機会という考えを実践しながら、公私の絶妙なバランスを実現している神谷俊さん
- 先入観抜きの自由な対話を繰り返しながら、遊ぶように働くことを実践している倉貫義人さん
- 見返りを求めない人間関係を構築し、自由な発想で仕事を膨らませることを楽しんでいる青木純さん
- 仕事と仕事以外に境界線を引くことなく自由に活動し、常に変化することを止めない吉岡マコさん

- 独自の社会ビジョンを発信しながら、ビジネス実践者として、新たな社会の可能性を追求する影山知明さん

古い価値観や慣習に縛られず、世間的な常識や、狭い世界だけで通用するやり方から自由になって、独自の道を歩んでいる先駆者たち。個性豊かな5人が躍動する活動領域はそれぞれ違います。でも、彼／彼女らは皆、いつでも楽しそうで、本当にイキイキとしています。そして、「楽しむ」という言葉が、趣味や娯楽を消費することではなく、仕事そのものを「真面目に楽しむ（シリアス・ファン）」ことを意味している点も、5人に共通しています。

また、先駆者たちは皆、社会変化をジブンゴトと受け止める姿勢、権力や損得に縛られない自由な人間関係、私生活を大切にする働き方など、非組織人的なワーク／ライフスタイルに価値を見いだしている人たちです。ただし、何に一番力を入れているか、その濃淡には5人それぞれの個性が見いだせます。

さらに言えば、先駆者たちが描く社会ビジョンはそれぞれ独創的で、その価値観や方

向性もけっして同じではありません。その一方で、彼／彼女らは理想主義者ではなく、経済合理性の規範を受け入れ、企業と協業しながら、社会と企業のどちらにとっても価値の高い仕事を推進している点では共通しています。

つまり、彼／彼女ら5人は一人ひとりの個性が際立った存在である一方、ワークスタイルの先駆者として共通の特徴を見いだすことが可能です。その特徴は「際立つ自立性」「旺盛な好奇心」「非消費的な嗜好」の3点に整理できるでしょう。

①際立つ自立性……周囲が高く評価するかどうかより、「自分の好きなようにできるか」を重視する傾向がある。また、会社の指示や社会の風潮を鵜呑みにせず、自分なりの視点・判断基準から考え、自分自身の納得感を重視した意思決定を行う。希少であることに価値を置いていて、横並び意識がとても低い

②旺盛な好奇心……何かを始めることに必要性や根拠を求めず、損得勘定よりも、自分の気持ちを重視して行動する。自分の軸／方向性にこだわらず、柔軟に方向

転換していく。目標達成や活動成果に対する執着がなく、試行錯誤や寄り道を通じて、予想外の学びや出会いを経験するプロセスを楽しもうとする

③非消費的な嗜好……新しいことを学ぶ喜びや、仲間と分かち合う喜びなど、金銭以外の報酬に高い価値を見いだしている。また、リクリエーションとしての消費活動（買い物や遊びなど）への関心が低く、享楽的に時間を使うより、何かを真剣に学ぶことやチャレンジすることの方が楽しいと感じている

5人の先駆者たちは、自立指向で、好奇心に溢れ、非消費的な活動スタイルを共通の原動力としながら、新しいワークスタイルを切り開いています。そして、一人ひとりのワークスタイルの中に、先駆者それぞれの際立った個性が輝いて見えるのです。

では、先駆者たちが実践する個性豊かなワークスタイルをどうすれば身体知化できるのでしょうか？

次章からは、組織論、社会論、コミュニケーション論、学習論の知見を使いながら、「ア

ンラーニングしながら働き、生きる」ことの意味と、古い価値観や慣習にとらわれないワークスタイル実現の可能性を探っていきましょう。ただし、それらの学問領域で使われている概念の厳密な定義や理論的背景の説明はもう少し脇に置いたまま〝知的探索の旅〟を進めていきたいと思います。

第2部

アンラーニングをいざなう

2章

自分自身を揺さぶる越境というスタイル

1章に登場した5人のエピソードを読んで、「この人たちは特別だよね」と感じた人は多いかもしれません。たしかに、これほどまでに世間的なアタリマエにとらわれず、しなやかに、脱予定調和的な日常を楽しんでいる人たちは珍しい。

さて、彼／彼女らはどうしてこんな風に働き、生きていけるのか？　紹介した5人の根幹にある行動原理は、実は誰でも実践可能なものです。

この章では、自分の思考と振る舞いを狭い世界から解き放つ行動原理**「越境」**について、話を進めていきます。そして、〝知的探索の旅〟をさらに一歩進め、「アンラーニングしながら働き、生きる」ことの意味を考えるキーワードを探りたいと思います。

越境でモヤモヤ感を味わおう

「越境？　なるほど、だいたいイメージできた」と、この本を閉じかけた人はもう少し待ってください。おそらく、私が考える越境は、人材育成関係者が使っている「越境学習」という用語とは違う意味をもっているのです。

「何かを学ぶために所属組織／場所の外に行く」だけで、その行動を越境とはみなしません。特に興味がある訳ではないテーマの話を聞いたり、仕事と関連しない活動に参加したり、自分と異なる価値観をもつ人物に出会うことで、あえて自分を不安定な状態に置きながら、自分の中の〝正しい〟考え方やモノの見方を揺さぶっていく。それが私の考える越境です。つまり、「欲しいものがありそうなところを見つけて、出掛けて行って、もち帰ってくる」というより、むしろ、不安半分、興味半分の心境で「あなたの知らない世界」に行くイメージ。ちょっとビビりながらも、興味をそそられて、おそるおそるのぞきに行くような感覚です。

また、最近流行りの「パラレルキャリア」や「多拠点生活」を越境と呼ぶ人もいますが、それらとの違いにも注意したいところです。自分のテリトリーを広げ、複数のテリトリーを行き来する心地よさを求めるスタイルは、古い価値観や慣習にとらわれない魅力的な働き方、暮らし方だと思います。一方で、テリトリー外に飛び出すことで得られるモヤモヤ感や不安感も大切にしたいのです。そんな一見ネガティブな経験が、自分の中の常識を疑い、自分を見つめ直す学習機会となるのですから。

どちらかと言えば、快適さよりも、モヤモヤ感が先に立つ体験として越境を理解したいと、私は考えています。もちろん、最初はちょっと辛い。でも、慣れてくれば、未知の世界へ飛び出すことが怖くなくなり、自分の思考と振る舞いを狭い世界から解き放つことができる。すこし大げさですが、古い価値観や慣習の呪縛から自由になって、人生を切り拓いていく力となる。この意味での越境を、若い人たちにぜひ勧めたいのです。

脱予定調和を楽しもう

では、どうやって越境を始めたらいいのか。最初は、知り合いに頼んで、行ったことがない場所や集いに連れていってもらうのがいいでしょう。私のゼミでは「先輩にどこか適当に連れて行ってもらいなさい」と言っています。新入生に対しては、先輩がガイド役で、私は対話の相手になります。新入生たちは、行ったことがない空間に足を踏み入れて緊張したり、講演会の参加者が社会人ばかりだと気づいて不安になったり。先輩と一緒に行った先でのドキドキ感やモヤモヤ感をもち帰り、私との対話の中で、「この感情はネガティブなものではないんだ」と意味づける。それが越境のスタートで最も重要なことです。つまり、「どうすれば上手く越境できるか」なんてことをあれこれ考える前に、まず直感と好奇心で動いてみることです。そして、ドキドキ感やモヤモヤ感をどんどん体験してみてください。

私のゼミでは、学生の越境を学習活動の中心に据えていますが、それは「ドキドキ感やモヤモヤ感はネガティブなものではない」という気づきを得るべき時期として、このタイミングが最適だと考えているからです。

多くの人にとって、高校までの生活は与えられた環境での閉じた人間関係の中にあります。そして、狭い世界での関係性の中で安定的なルーチンを遂行することが当たり前だと思う感覚の中で暮らしている。それが、日本における一般的な十代の姿だと思います。その感覚のまま大学での活動を始めると、どうしても安定的なルーチンに心地よさを覚え、脱予定調和的な行動に伴う緊張感や不安感に対してネガティブな感情をもってしまいます。大学に入学したタイミングで、世界は無限に広いこと、多様であることをビビッドに感じ、「自分はそもそも何を目指し、なぜ学ぶのか」を問い続けながら学んでいく最初の一歩として、脱予定調和的なドキドキ感を楽しめるようになってほしいと考えています。

つまり、「脱予定調和は楽しい」と思えるような感覚が、行動を組織に縛られず、判断を組織に依存しない〝心の自由さ〟を育んでいく礎になるということです。直感と好奇心を使って軽やかに越境し、ワクワクするような脱予定調和的体験を大学時代にできるだけ多く味わうことの意義がここにあります。

はじめは不慣れで居心地が悪そうな学生もいますが、回数を重ねるうちに慣れ、社会に出てからもテリトリー外に飛び出すことに対して身軽になります。ゼミの卒業生たちはこんな書き込みをＳＮＳによくアップしています。

「最近、越境してなかったんですが、ＳＮＳで見つけたワークショップに参加してきました。このテーマは詳しくないんですが、告知を読んでちょっと興味が湧いたんで」

若いうちにこの感覚を身体知化して、直感と好奇心で動くことができるようになると、あえて自分を不安定な状態に置きながら、自分の中の常識を揺さぶっていくことへのためらいが、ほぼなくなると言えるでしょう。越境することに難しさがあるとすれば、それは技術的というより、心理的なハードルなのかもしれません。

繰り返しになりますが、心理的なハードルを乗り越えるポイントは、カチッとした事前計画をたてようとしないで、自分の直感と好奇心の赴くままに動いてみること。特に、テーマを絞り込みすぎないことが大切です。

著作を読んだことがない作家の講演会、行ったことのない国の文化を楽しむ交流会、マイナースポーツを観るコミュニティ。テーマはバラバラでいいのです。「自分の軸が見えない」とか「食い散らかしている」とかは気にしない。まずは、ドキドキ、モヤモヤすること自体が大切なんですから。友人や先輩、先生など直接知っている信頼できる人を起点に、その人のネットワークに便乗させてもらうつもりで行動しましょう。「行ったことのない場所に行くぞ」、「見知らぬ人に会うぞ」と意気込まず、「知人の馴染みの場所に連れて行ってもらおうかな」、「友達の知り合いに一緒に会ってみようかな」という軽い感覚で始めてみてください。

1章で紹介した5人の先駆者たちは皆、常に新しい世界へと踏み出し、くねくねとした地図にない道を歩み続けています。不慣れな道の途中では、相当の不安定さを味わい、揺さぶられる瞬間が何度もあるはずです。それでも、ハードな挑戦が続く旅路を楽しんでいるように見えます。彼/彼女らの話を聴きながらその情景を思い浮かべる時、「モヤモヤ感や不安感はネガティブなものではない」という感覚が先駆者たちの中にしっかり身体知化されているのだと、私には思えるのです。

そして、確信をもって言えるのは、この5人といえども初めから先駆者だった訳ではないということ。まずは、知人に支援してもらって、ポジティブな感情を抱きながらドキドキ、モヤモヤを体験してみましょう。越境先からドキドキ感やモヤモヤ感をもち帰り、「この感情はネガティブなものではないんだ」と意味づける振り返りを焦らず続けていけば、脱予定調和的な日常を楽しんでいる自分にきっと出会います。

本章の以下では、そんな感覚を誘発する3つのキーワードを紹介していきます。

ビッグアイデア・クラウドというゆるい関係

ロンドンビジネススクール教授のリンダ・グラットンは著書『ワークシフト』[1]の中で、資本主義社会が経済格差を克服し、ゆとりある幸福な暮らしを実現するために、私たちが目指すべき変化の方向性を示しています。その中のひとつに、自分が求める働き方を

1　リンダ・グラットン（2012）『ワークシフト』プレジデント社

自分の自由意思で決めていく社会を目指そうという提言がありますが、そのために求められるのが、多様な人々とのネットワークです。多様性を拒絶する閉ざされた世界で孤独な競争を繰り返し、消耗するのではなく、自分とは異なる世界に生きる人たちとの出会いを通じて、人生の地図を軽やかに広げていく。そんな世界の多様な人々とのネットワークを、グラットンは「ビッグアイデア・クラウド」と呼んでいます。

ビッグアイデア・クラウドと名付けられたネットワークが意味するのは、自分の興味・関心を広げてくれる人々との弱いつながり。強い絆をもつ〝同志〟でもなく、一緒に居るだけで癒される〝心の友〟でもないけれど、利害関係や上下関係に束縛されないで、気軽にあれこれ話せる〝ゆるい関係〟ということです。つまり、人間関係が濃すぎないからこそ、自分の知らないことでも気楽に、恥ずかしがらずに話せる。これが第一の特徴です。

もうひとつの特徴は、自分とは違うタイプの人々とのネットワークだということです。だから、ビッグアイデア・クラウドを構築できれば、自分とは異なる興味、視点、価値観をもつ魅力的な人々との交流を通じて、関心領域や視野が自然と広がっていきます。

そんな広がりが、自分の中の常識やモノの見方・考え方を見つめ直したり、自分の進むべき方向や、目指したい未来像を探索するきっかけともなるのです。

そして、ビッグアイデア・クラウドを広げていくために大切なことは、シリアス・ファン(serious fun：真面目に楽しむ)な対話の時間をもつことです。「役に立つ知識を得よう」と意識するのではなく、また、「このテーマの話が聞きたい」と焦点をあらかじめ絞らずに、対話そのものを楽しむという姿勢でいいのです。そんな〝ゆるい〟意識で楽しむ対話を通じて、ビッグアイデア・クラウドが広がっていくのですから。

私自身のことを言えば、1章で紹介した5人の先駆者たちと交わすのは、ほとんどが仕事と直接関係のない真面目な話です。彼／彼女たちとのシリアス・ファンな対話が、結果として、私の関心領域や視野を大きく広げてくれているのですが、その時の私には、「視野を広げよう」とか「あえて知らない話を聞こう」という意識はありません。特に深い意図もなく「この人との対話を楽しもう」としているだけ。お互いの興味の赴くままに脈絡なく話題が飛び交い、話の流れも行ったり来たり。巷で言われているような「正しい会議の進め方」とは全く違います。逆の言い方をすれば、1章で語ったインタビューからの知見は、事前に「この話を聞こう」と準備していた訳ではなく、後から振り返って気づいたことを整理したものです。実際のインタビュー中は、自分と異なる世界に生きる〝ゆるい関係〟の知人との対話を純粋に楽しんでいた。それが嘘偽りのない、ありのままの意識と姿勢、そして、時間の流れなのです。

つまり、多様で魅力的な人たちとの〝ゆるい関係〟があれば、意識的に「越境するぞ」と意気込まなくても、自然と越境できる自分になっていることに気づく。それがビッグアイデア・クラウドの魅力なのだと、私は理解しています。

公私の間にある共（common）のマインドセット

ビッグアイデア・クラウドの話を聞いて、「やっぱり、社外のコネをもつことは重要なんだ」と思い、「越境先の誰かと話をすることで、自分にどんなメリットがあるか」や「将来のどんな稼ぎにつながるか」といったビジネス的な発想を展開する人は多いかもしれません。でも、ビッグアイデア・クラウドと、ビジネス的な意味のコネの違いを理解することが大切です。

ここで、1章で紹介した青木純さんの話を思い出してみましょう。絶えず多くの人を巻き込みながらプロジェクトを展開している青木さんの仕事を観察していると、相手に成果や見返りを求めないことが、多様でイキイキとしたネットワーク構築につながるのだと気づきます。つまり、「有力顧客と知り合いたい」とか「イベントの告知をしてほしい」といった私利私欲が絡んでいては、利害関係や上下関係から自由になったビッグアイデア・クラウドは構築できないということです。

ただ、そうは言っても、個人的な利益の追求を完全に止めるのはとても難しいことです。たとえ、損得勘定で動くのはNGとわかっていても、自己犠牲的なスタンスを強いられると窮屈に感じるものです。実際、自己犠牲を全員一律に求めるのが越境なら、ドキドキ感、モヤモヤ感を楽しむなんて絶対に無理という人がほとんどのはずです。

だから望ましいのは、脱損得勘定と脱自己犠牲の同時達成。自分の損得ばかりを気にするのではないけれど、だからと言って、犠牲的行動を自分自身に課すのでもない。私

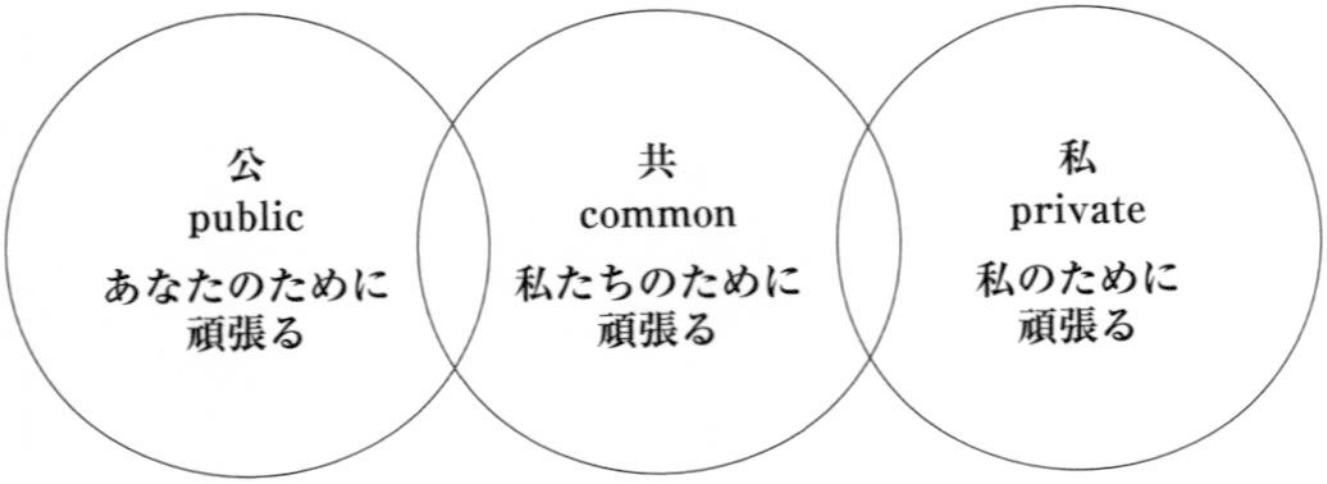

公・共・私

（private）と公（public）のどちらにも過度に偏らない〝ほどよいマインドセット〟が良いということになります。

地域研究に関する学問分野では、公（public）と私（private）の中間にあるスタンスを共（common）と呼んでいます。[2] そして、個々人が私利私欲に走る殺伐とした関係を避けると同時に、社会のための自己犠牲が一律の義務となる窮屈な関係を避けながら、一人ひとりが自由意志で、相互に助け合える関係を構築していくことの重要性が指摘されています。[3]

越境も同じです。義務感や同調圧力ではなく、個人の自由意志で、お互いに助け合おうとする共（common）のマインド。公と私のどちらにも過度に偏らない〝ほどよいマインドセット〟で結ばれている人々とのネットワークを作り続けていくことが、越境を繰り返しながら、ドキドキ感、モヤモヤ感を楽しむ〝心の自由さ〟につながっていくのです。

1章で紹介した神谷俊さんが、病気療養中だった私に何度も会いに来てくれたことは、すでに述べたとおりです。今振り返ると、彼の振る舞いはまさに共（common）のマインドに溢れたものだったと思います。

大学近くの馴染みのカフェで、アップルパイを食べながら交わした仕事と直接関係のない真面目な話。それが豊かな時間となったのは、私が退屈しないようにという神谷さんの心遣いに加えて、彼自身も対話を楽しむ気持ちがあったからだと感じています。

やはり、成果や見返りを求めてはいなくても、義務感や同調圧力からシリアス・ファンは生まれてこないのだと思います。だから、自分の思考と振る舞いを狭い世界から解

2　恩田守雄（2006）『互助社会論』世界思想社

3　加藤文俊（2015）「『ゆるさ』があれば（3）」、『グローブ犬は考える』、2015/04/25、https://blog.cloveken.net/entry/2015/04/25/203616

き放つことにつながる豊かな越境を経験するためには、共（common）のマインドを保ち、私利私欲と自己犠牲の両方から〝ほどよいディスタンス（距離）〟をとるようにしたいものです。

試行錯誤を楽しむための直感と好奇心

ここまで繰り返し言ってきたことですが、越境で大切なのは脱予定調和を楽しむこと。あえて自分を不安定な状態に置き、そこでのドキドキ感、モヤモヤ感を楽しむことが、自分の中の〝正しい〟考え方やモノの見方を揺さぶっていくのです。

ところが、学生たちはいろいろな言い訳をして、なかなか越境を始めません。一番多いのは、「どうしたらいいいか、やり方がわからない」という言い訳。どうやら、その背後にあるのは、成功する見込みがなければ動いてはいけないという意識のようです。「先生が勧める場所に行けば効果的な体験ができますか？」「うまく対話ができないのですが大丈夫ですか？」、越境の開始前には、徹底したリサーチが入ります。私が質問に答えると、学生たちは「わかりました」と言って帰っていくのですが、後日「越境した？」と聞けば、「いいえ」という答えが返ってきます。そして、「うまくできる自信がなかったので」と続きます。学生たちは「失敗は絶対にダメ」ということを強く意識しています。

どうしてそんなに成功／失敗にこだわるのでしょう？　『プレイフル・シンキング』[4]の著者である上田信行さんによると、だいたい人は14歳くらいから「自分は他者から評価されている」という感覚をもつようになるのだそうです。そして、繰り返し評価される状況にさらされる学校生活を通じて、「失敗してはいけない」というメッセージが身体知化していきます。だから、「失敗してもいいから、やってみよう」なんて教員が本気で言うことはあり得ない。学生たちがそう考えるのも当然と言えるでしょう。

でも、私が「越境しよう」と言う時、それは「失敗してもＯＫ」ということ。という

4　上田信行（2020）『プレイフル・シンキング［決定版］』宣伝会議

より、知らない世界に飛び込むのですから、「失敗ありき」が大前提なんです。何回も繰り返しますが、越境を通じて、脱予定調和的なドキドキ感やモヤモヤ感を楽しむことが大切。だから、役に立つ知識やスキルが得られなくても、有名企業の社員とのコネがつくれなくても、全く問題ありません。むしろ、そんな状況を失敗と思わず、試行錯誤することと自体を楽しんでほしいのです。

ここで思い出したいのは、5人の先駆者たちの話。彼/彼女たちに共通しているのは、試行錯誤を楽しむ姿勢です。「まずは、とにかくやってみる」と5人は度々口にしていました。そして、小さな失敗を繰り返しながら、時間をかけて、試行錯誤を楽しむ。「ここにたどり着けばゴール」という到達目標や、そこに向かうまでの道筋を描いたシナリオもない。スタート前は、いい意味での直感だのみ。でも、一度スタートすると、ほんの少し試しに進んでみては、状況を常にモニタリングして、「やっぱりこっちかな」と軌道修正を繰り返す。そして、ついには想像もしなかった場所にたどり着く。そんなふうに試行錯誤を楽しむスタイルが身体知化しているようです。

「未来のことなんてわからないし、考えない。今この時点しか見ていない」

1章で紹介した影山知明さんの言葉。その背景にあるのは、新たなチャレンジに方向転換や一時停止はあって当然という意識。それは越境でも同じです。この前提を自分に許してこそ、越境は始められるのです。だから、私のゼミでは「直感と好奇心で動け」が合言葉。もちろん、失敗が許されないタイプの活動があることは否定しません。でも、越境に関しては、失敗しないための用意周到な計画は不要です。だから直感で動く。たとえ必要性をうまく説明できなくても気にしない。好奇心の赴くまま越境して、ドキドキ感、モヤモヤ感を味わいましょう。そして、改めて思い出すのは、影山さんのもうひとつの言葉。

「僕はスタッフが何かを発案した時に、『それをやる必要性はあるのか？』を問うことはしません。大切なのは……どんな成果が見込めるかをやる前に明確にすることじゃない」

試行錯誤しようとする勇気をくれる言葉です。越境を始めようとして、「うまくできる自信がないなあ」と迷ったときには、この言葉を心の中で復唱してみるのがいいかもしれません。「直感と好奇心で動こう」という気持ちが湧いてくると思います。

成果よりプロセスを大切にしよう

この章では、自分の思考と振る舞いを狭い世界から解き放つ越境について、新しい働き方のロールモデルとして紹介した5人の先駆者をイメージしながら、考察を進めてきました。

特に強調したいのは、一般的に理解されている意味との違い。越境を「何かを学ぶために所属組織／場所の外に行く」と理解すると、「役に立つ知識・スキルを身につけたか」や、「自分のキャリアに役立つ情報やコネを入手したか」が気になってしまいます。でも、そういった成果は本来不要。なぜなら、越境を繰り返しながら、脱予定調和的なドキドキ感、モヤモヤ感を楽しむことが、自分自身を揺さぶり続ける姿勢を醸成していくことにつながっていくからです。

- ビッグアイデア・クラウドというゆるい関係
- 公私の間にある共（common）のマインドセット
- 試行錯誤を楽しむための直感と好奇心

本章で紹介した3つのキーワードはそんな感覚を自分の中に醸成していくヒント。私たちの意識を越境の成果からプロセスに移していくスイッチのようなものだと言えます。紹介した学生たちのように、「越境は難しそうだ」と考える人の多くが成果ばかりを気にしています。そんな時、越境体験のプロセスを味わおうとすることで、一歩踏み出せる場合も少なくないのです。

ただ、プロセスを大切にする考え方は誤解されることも多いようです。たとえば、リベラルアーツ（いわゆる教養教育）に関して、否定的な意見を耳にすることがあります。

「シェイクスピアを学んで、一体なんの役に立つのか？」

劇場で『ハムレット』を鑑賞しても、ビジネスに直結した知識・スキルは得られないでしょう。でも、だからと言って、リベラルアーツを学ぶことに意味がないと考えるのは早計です。

私たちは、リベラルアーツを通じて、知識・スキルを習得するだけではなく、「自分の知的な世界を広げていこう」とする意欲や姿勢を身体知化していきます。つまり、学ぶことの意味をプロセスの中に見いだそうとする。それがリベラルアーツ的教育観と人材育成的教育観の大きな違いです。内容が何であれ、これまで知らなかったテーマに関心が湧いてきて、「ちょっと学んでみようかな」と行動を起こしたのなら、結果的に自分のキャリアにプラスにならなかったとしても、それは価値ある〝学習〟です。タイトルしか知らなかった『ハムレット』を観劇しようと思い立ち、どうにかチケットを予約し、ドキドキしながら劇場という未知の空間に足を踏みいれるその瞬間に、知的な世界を広げようとする心の醸成が始まるのですから。

これと同様の考え方を、越境という行動原理にも見いだすことができます。それは、大切なことは学んでいくプロセスにあるという学習観です。本章の最初に示した越境の説明をもう一度見てみましょう。

「特に興味がある訳ではないテーマの話を聞いたり、仕事と関連しない活動に参加したり、自分と異なる価値観をもつ人物に出会うことで、あえて自分を不安定な状態に置きながら、自分の中の〝正しい〟考え方やモノの見方を揺さぶっていく」

つまり、越境とは自分自身を揺さぶるプロセスのこと。行き着く先がどんな目的地なのかを気にせず、自分を不安定な状態に置いて、考え方やモノの見方を揺さぶることに集中してみようというメッセージが、その行動原理に込められています。

古い価値観や慣習に縛られず、世間的な常識や、狭い世界だけで通用するやり方から自由になるために、自分自身を見つめ直すプロセスを大切にする。その結果、「これまでのやり方を捨て去るべき」という発想もありえるでしょう。反対に、「短期的な評価を下さずに、このままの路線で頑張ろう」という判断に向かうかもしれません。行動の到達地点からプロセスに意識を移すことで、自分の進むべき方向や、目指したい未来像について、多様な可能性が見えてくるでしょう。

では、その中で〝正しい〟結論とは何か？　もし、世間が信じるアタリマエにとらわれず、独自の見方や判断を大事にしながら、自己実現に進んでいこうとするのなら、それを決めるのは他の誰でもなく、自分自身です。だから、自分の中の〝正しさ〟を常に揺さぶりながら、どんな場所にも到達できるプロセスを自由自在に歩んでいくことが肝心なのだと思います。

さて、「アンラーニングしながら働き、生きる」とは、どういうことか。その豊かで鮮明なイメージを共有することから始まった〝知的探索の旅〟は、越境の分析を進める中で、その視点を成果からプロセスへと移しながら、「自分自身を揺さぶるプロセス」というキーワードにたどり着きました。

そこで次章では、「場づくり」という新たなキーワードを手掛かりとしながら、自分自身を揺さぶるプロセスについてさらに深く考察していきます。そして、脱予定調和的なプロセスを誘発する場づくりについて、２人の実践者の話を交えつつ、概念的な整理と実践的ヒントを探りたいと思います。

3章

脱予定調和的な場を自作自演する

「アンラーニングしながら働き、生きる」ことをめぐる私たちの〝知的探索の旅〟は、今の日本社会で躍動する5人の〝先駆者〟を知ることから始まりました。世間が信じるアタリマエにとらわれず、独自の見方や判断を大事にしながらキャリアを歩んでいく彼／彼女らのストーリー。越境というキーワードを活用しながら、それらを読み解いていくと、たどり着いたのは、大切なことは学んでいくプロセスにあるという学習観。成果からプロセスへと視点を移すことで、脱予定調和的なドキドキ感、モヤモヤ感を楽しみながら、自分の中の常識を揺さぶることの意味と可能性が見えてきたのです。

この章では、成果からプロセスへという視点の移動を引き継いだまま、脱予定調和的なプロセスを誘発する「場づくり」へと話を進めていきます。

同時に、ここからは、豊かなイメージを描くことに加えて、言葉の意味をじっくり味わい、概念的な整理を進めながら〝知的探索の旅〟を続けます。そして、アンラーニングしながら働き、生きることの意味と可能性について、さらにもう一歩理解を深めたいと思います。

アンラーニングが結果、越境がプロセス

脱予定調和的なプロセスを誘発する場づくりについて考える第一歩として、アンラーニングをめぐる成果とプロセスの関係を概念的に整理してみましょう。

「アンラーニングとは、不適切となった既存の習慣／知識／価値基準などを棄て、新たに、妥当性が高く、有用なものに入れ換えること」

組織論の分野では、アンラーニングをこのように定義することが多いです。[1] この本を2章まで読み進め、成果とプロセスの関係を意識するようになった皆さんなら、おそらく、こんな疑問が浮かんでくるはずです。

「どんなプロセスが、古い価値観・知識を新たなものに入れ換えるという結果をもたらすのだろう？」

大切なことは学んでいくプロセスにあるという学習観で読み解けば、自分の中で正しいと信じて疑わなかった価値観や知識を「棄て去るぞ」と決意することがいかに難しいかにすぐ気づくでしょう。そして、決意に至るまでのプロセスに目を向け、その中に学ぶべきヒントを探したくなると思います。

1章で紹介した5人の先駆者が、新しい価値観を柔軟に受け入れて、自分自身をアップデートする独自のスタイルを身体知化していることを、私たちは知りました。「脱予定調和は楽しい」と思えるような感覚を研ぎ澄まし、世間的な常識に縛られない〝心の自由さ〟を醸成し続けるプロセスがあるからこそ、いざという時に古い価値観や知識を新たなものに入れ換えることができるのだと、5人から学びました。

ところが、私たちは、知らず知らずのうちに、自分にとって耳障りな意見や情報を避けるようになり、自分の中にある価値観や視点は正しいと偏った見方をしてしまうものです。そんな凝り固まった〝私〟になっていると、古い価値観や知識を新たなものに入れ換えることはとても難しい。そもそも、そんな〝私〟は自分を古いとは思いませんし、価値観を換えるなんてできないというより、する気にならないでしょう。

だから、到達点ではなく、そこに至るプロセスに注目すべきです。2章では、越境とは自分自身を揺さぶるプロセスのことだと説明しました。この言葉を思い出せば、アン

1　ボー・ヘドバーグによる組織学習の研究が代表的です。
Hedburg,B. L. T.（1981）How Organizations Learn and Unlearn, In P. C. Nystrom and W. H. Starbuck（eds.）, Handbook of Organizational Design, Vol.1, New York: Oxford University Press, 3-27.

ラーニングが越境の成果（到達点）であることは一目瞭然です。「あえて自分を不安定な状態に置いて、自分の中の常識を揺さぶる」という越境のプロセスが、「古い価値観や知識を棄て、新しい価値観や知識に入れ換える」というアンラーニングに到達するという関係が見えてきます。端的に言えば、越境がプロセス、アンラーニングが結果ということです。

越境という〝漢方薬〟で予防する

あらためて、私が考える越境の意味を言葉にすると、次のように整理できます。

「越境とは、これまで興味のなかったテーマ、直接的な利害関係が薄い人物、自分とは異なる価値観などにあえて触れていく体験を通じて、自分自身を揺さぶりながら、自分にとって当たり前な考え方やモノの見方を見つめ直し、自分の進むべき方向や目指したい未来像を探索すること」

強く意識しているのは、結果よりもプロセスということ。「新しい考え方や見方を身につけた」「未来像が描けた」という成果（結果）よりも、そこに至る探索のプロセスを大事にする自分自身を育んでいく。それが、私の考える越境です。共（common）のマインドを抱きながら、多様な人々との〝ゆるい関係〟の中で、試行錯誤を重ねていきましょう。すると、自分が凝り固まってしまう前に、凝りの原因を取り除くことができ、「アンラーニングするぞ」と力むことなく、自分自身が自然とアップデートされていきます。

放っておくと凝り固まってしまう考え方や見方を、未病[2]のうちに治してくれる漢方薬。それが越境だと、私は意味づけています。いわば予防的なアプローチ。常日頃から身体のセルフモニタリングを怠らず、個別の状況に合わせて柔軟に処方を変えながら長く漢方薬の服用を続けることで、少しずつ健全な身体に変わっていくように、焦らずに自分のペースとスタイルで越境を継続し、無理せず試行錯誤を繰り返す。その結果が、

2　東洋医学では、病気になる前の不調段階のことを「未病」と言うそうです。

新しい考え方や見方を柔軟に受け入れて、無理なく自分自身をアップデートしていくことにつながるということです。即効性は弱いけれど、副反応の危険性が低く、心身を本来の自然な状態に保つことができる。まさに越境は漢方薬のよう。だから、病気になる前から飲み続けることが大事なんです。

でもここで、「すでに病気に罹っていたらどうすればいいの？」という疑問が湧いてくるかもしれません。確かに、病気になる前なら漢方薬も有効だけど、つらい症状が出てきたら即効性のある治療が必要になるでしょう。

おそらく、コチコチに凝り固まっている〝私〟をときほぐし、新しい考え方や見方を拒絶してしまう状態から脱却するには、もっと強い刺激が必要になります。それは予防ではなく治療です。場合によっては、薬の服用だけでなく、外科手術が必要になるかもしれません。では、凝り固まった状態に対して効果を発揮する治療的なアプローチは何か？

それが**ワークショップ**だと、私は考えています。最近はワークショップという言葉もよく耳にするようになり、参加した経験のある方も増えてきました。おそらく、越境よりもイメージしやすい活動だと感じている読者も少なくないでしょう。でも、アンラーニングに対する治療的なアプローチと位置づけることで、ワークショップの中にこれまでとは別の特徴が見えてくるはずです。

さて、治療的なアプローチとしてのワークショップとはどのようなものかを考えていきましょう。ワークショップを活用した組織開発やファシリテーションの専門家として知られる中野民生さんは、ワークショップをこのように説明しています。

「先生や講師から一方的に話を聞くのではなく、参加者が主体的に議論に参加したり、言葉だけでなくからだやこころを使って体験したり、相互に刺激しあい学びあう、グループによる学びと創造の方法[3]」

3　中野民生（2001）『ワークショップ』岩波書店、pⅱ.

この説明からわかることは、知識やスキルを習得することが目的ではないということです。また、心と体を使って他者と交流する成果として、具体的に何を学べるのかが掲げられてないこともわかります。学習という言葉が使われてはいても、授業や研修とは大きく異なる、なんとなく不思議な活動だという印象です。

2章で「成果とプロセス」という視点を得た読者なら、この説明に対して私たちが抱くぼんやりした違和感が、目指すべき成果（＝到達点）が書かれていないことに起因すると気づくでしょう。つまり、ワークショップという活動は、リベラルアーツや越境と同様、大切なことは学んでいくプロセスにあるという学習観に立脚しているということです。

だから、ワークショップでの経験を、自分自身を揺さぶり、自分を見つめ直すプロセスへとつなげていくことができます。ただし、漢方薬のような越境とは違い、それは自分が凝り固まってしまった後でも効果を発揮する〝外科手術〟だと、私は位置づけています。

ワークショップという〝外科手術〟で治療する

越境は漢方薬。ワークショップは外科手術。どちらも自分を不安定な状態に置き、自分自身を揺さぶることを通じて、自分にとって当たり前な考え方やモノの見方を見つめ直し、自分の進むべき方向や目指したい未来像を見つけ出すことにつながっていきます。でも、そのプロセスで体感する刺激の強さが大きく違っています。

古い価値観や思考に縛られず、世間的な常識や、狭い世界だけで通用するやり方から自由になるために、ワークショップでは、新しい価値観、思考、行動規範などを短時間（数時間）で集中的に浴びるような体験をします。中野さんの説明にあるように、ポイントは頭で理解するのではなく、心と体を使って実体験し、自分自身を刺激することにあります。

例えば、行動を組織に縛られず、判断を組織に依存しない振る舞いや発想を体験するワークショップでは、〝自由〟という価値観や規範にどっぷり浸る体験をします。おそらく、「自由な行動」と聞いて、それに対して否定的な意見をもつ人は少ないでしょう。

失敗を回避する慎重さか？ ⟷ 失敗を厭わない積極さか？

経済的な利益の優先か？ ⟷ 精神的な幸福感の優先か？

成功を求める厳格さか？ ⟷ 失敗を許容する寛容さか？

妥協ない生産性追求か？ ⟷ 無駄を気にせず創造性追求か？

組織の一体感を重視か？ ⟷ 組織の多様性を重視か？

共存困難な行動基準の対比

多くの人は「不自由よりも自由がいい」と考えるに違いありません。でも、ワークショップの中で直面するのは〝規律〟という行動規範。つまり、自由という行動規範の対義は不自由ではなく、規律ということです。

では、「規律が乱れたとしても、自由を貫くべき」という考え方を無批判に受け入れることができる人が一体どれくらいいるでしょうか？　多くの人が「組織に縛られるのはダメだけど、規律が乱れるのは賛同できない」と思うはずです。ところが、ワークショップの中では「規律か？ 自由か？」の選択が迫られる場面を繰り返し経験することになります。そして、参加者は大いに戸惑います。

ただし、この戸惑いは決して否定的なものではありません。2章では「越境の中で経験するモヤモヤ感や不安感はネガティブなものではない」という感覚の重要性を強調しました。これと同様に、ワークショップでも、自分自身を揺さぶることは肯定的に意味づけられます。ワークショップという非日常的な環境の中で、「規律が乱れたとしても、自由を貫くべき」という、普段の仕事では受け入れ難い行動基準をひとまず受け入れてみようとすることで、自分の中の〝正しい〟考え方やモノの見方を見つめ直す。そのプロセスを体験することが重要だということです。つまり、「自由 vs. 規律」といった共存困難な価値観の選択が迫られるような、自分自身を揺さぶる非日常的な仕掛けがワークショップには埋め込まれています。

共存困難な価値基準の中で揺れ動く自分を経験すること、特に、ビジネス分野に深く浸透している生産性や規律性の価値基準ではなく、自由さ、寛容さ、幸福感といった賛否のわかれる価値基準をあえて受け入れることで、自分を強制的に大きく揺さぶろうとする点が外科手術的だと、私は理解しています。

だから、気をつけたいのは〝合併症〟。活動のあちこちに非日常性が埋め込まれているため、ワークショップ参加者の受ける刺激はとても大きく、それ故に「本当に効果があるのか」とモヤモヤしたり、「非現実的だ」と不満や不快感を抱くことも決して少なくはありません。非日常性への抵抗感から「ワークショップは役に立たない」と結論づけてしまうこともあります。これが大きな問題となるのは、ワークショップを否定することで、「自分はやっぱり正しかった」と考え、〝凝り固まり〟の症状がさらに悪化してしまうからです。

さて、ワークショップというプロセスが、アンラーニングとは真逆の到達点にたどり着いてしまう危険性をいかに回避するか？

場づくりを学習活動として理解する

ワークショップの合併症は複合的な要素が絡み合って引き起こされるものですが、根幹にある問題は、短期的な成果を求める参加者の意識だと、私は理解しています。言い換えると、ワークショップは自分自身を揺さぶるプロセスだという意識が参加者の中で希薄になると、合併症の発生リスクが高まるということです。

2章では、成果からプロセスへと私たちの視点を移すことで、越境という行動原理の意味と可能性が見えてきました。越境とは自分自身を揺さぶるプロセスのこと。だから、行き着く先がどんな目的地なのかを気にせず、あえて自分を不安定な状態に置いて、考え方やモノの見方を揺さぶることに集中してみよう。越境を始める人に送るこのメッセージは、ワークショップ参加者にとっても非常に重要な意味をもっています。越境と同じく、ワークショップとは自分自身を揺さぶるプロセスのこと。ここに合併症を回避するためのキーポイントがあります。

そのエッセンスを理解するために、自分自身を揺さぶるプロセスがどのような流れで進められるのかを見てみましょう。教育学者の苅宿俊文さんは、アンラーニングを意識したワークショップのねらいは「意味生成のプロセス」を体験することであり、それは

3段階で体験されると述べています。[4]

- 第1段階：学習活動の準備
- 第2段階：学習活動の展開
- 第3段階：学習活動の振り返り

ここで注目すべきは、第1段階の「準備」までもが学習プログラムに含まれると想定されていることです。講義形式の授業の場合、講義を聴くことが第2段階に該当し、第1段階の「準備」や第3段階の「振り返り」は授業時間外に実施することが想定されています。つまり、授業（講義）では、第2段階のみが学習プログラムに含まれます。

また、最近、注目を集めているアクティブ・ラーニングの場合は、第2段階での参加体験型活動に加え、第3段階の振り返りも学習プログラムに含まれています。そして、アクティブ・ラーニングの普及に伴い、振り返りが学習の一部だという考え方が、今日の大学には浸透しつつあります。ただし、第1段階の準備については、依然として、教員の仕事だと多くの学生が認識しています。

それに対して、ワークショップでは、準備、展開、振り返りの3段階全てに、参加者が積極的に関わることを想定しています。「参加者が主体的に議論に参加したり、言葉だけでなくからだやこころを使って体験したり、相互に刺激しあい学びあう」という活動は、お膳立てされた環境で行うのではありません。あらかじめ用意された資料、進め方、時間配分などを、教員や研修講師に言われるがままに受け入れて参加体験するのでなく、学習者自らが活動の〝場〟をつくる段階から主体的に関わることに、自分自身を揺さぶるプロセスとしてのワークショップの本質があると言えます。

もちろん、実際のワークショップにおいて、参加者が場づくりに関わる度合いはさまざまです。タイムテーブル作成が参加者に委ねられるような深い関わりの場合もありますし、参加者同士が簡単なアイスブレークを行い、雰囲気づくりだけに関与する場合も

4　苅宿俊文（2012）「ワークショップをつくる」、『まなびほぐしのデザイン』苅宿俊文・佐伯胖・高木光太郎編、東京大学出版会、pp31-91.

あります。でも、関与の度合いは問題ではなく、与えられた環境を無批判に受け入れようとする自分自身の行動規範を自ら揺さぶる姿勢が重要だということです。

ワークショップに参加して「なんだかピンとこないな」とモヤモヤ感が募ったなら、その時こそ「お膳立てされた環境を無批判に受け入れてはいなかったかな?」と振り返ってみることです。そして、自分が活動する環境を自分でつくろうとする意識を新たにする。こういった姿勢が、行動を組織に縛られず、判断を組織に依存しない〝心の自由さ〟につながっていくのだと思います。

肝心なのは、「自分自身を揺さぶるプロセスを自分自身で立ち上げる」という意識です。アンラーニングにつながっていくワークショップには、自分の中の常識を揺さぶる非日常的な仕掛けが埋め込まれています。その根幹の仕掛けとは、自分が学習する環境づくりに参加すること自体が、学習プロセスに埋め込まれていることです。つまり、ワークショップをアンラーニングに対する治療的なアプローチと位置づけたとき、着目すべきは、「活動の〝場〟を自作自演する」とでも言うべき行動原理だと言えるでしょう。

では、脱予定調和を誘発する〝場づくり〟とはどのようなものでしょうか？　そして、脱予定調和的な環境をいかに自作自演することができるのでしょうか？　少し概念的な話が続きましたので、ここからは話を実践的な方向にシフトしていきましょう。３章後半では、〝場づくりの達人〟に話を聞きながら、脱予定調和的なプロセスを誘発する実践的ヒントを探ります。

場づくりの〝達人〟との対談（1）

まず話を聞いたのは、横石崇さん。２０１３年から毎年11月に、東京・渋谷を中心に開催する〝働き方の祭典〟Tokyo Work Design Week（ＴＷＤＷ）を主催しています。ビジネス系のカンファレンスは多種ありますが、ＴＷＤＷには何度も通いたくなる独特の魅力があります。仕切りがほとんどない会場内では、複数のステージが同時に進行し、参加者は好きなステージを自由に聴ける仕組みになっています。

ステージ上では、若手の起業家や研究者、アーティストなど、多彩なスピーカーたちが出会ったその場でジャズセッションを楽しむような対話を展開。「安易に答えを導き出そうとしなくていい」という無言の約束が交わされているかのような、偶発的な創造を邪魔しない空気が満ちているのです。私は初めてTWDWに参加したときから、すっかりファンになってしまいました。

短期的利益を求めがちなビジネスの文脈の中で、なぜこのような脱予定調和の場を生み出せるのか。その仕掛け人である横石さんに話を聞いてみました。

長岡　まずはTWDWの成り立ちから伺いましょう。初開催は2013年ですね。

横石　はい。その前年にキックオフイベントをやっていて、最初は5人くらいの勉強会からのスタートでした。僕は当時、働き始めて10年が経った頃。東日本大震災をきっかけに人生を見直し、当時役員をやっていた会社を辞め、住んでいた家も解約して、友達の家をふらふらと渡り歩いていたんですよ。世の中は重くて暗いニュースばかりでしたが、周りを見渡すと、日本仕事百貨店のナカムラケンタさんや編集者の佐渡島庸平さんのような面白い同年代が何人もいて、希望を感じられたんです。その希望の点をつなげて、面にしていく役割を果たせないかなと思ったのが出発点です。

長岡　どんな活動から始めていったんですか。

横石　もともといた広告業界で働き方に興味がありそうな人たちに声をかけました。お金をかけない方法として、企業の会議室を夜間に無料で借りて勉強会を開く活動から。「ラーニングキャラバン」と名付けて、いろんな会社を回りました。すると、「面白そうなことやってるね、うちの会社の会議室も使っていいよ」と関わる人が増え、会議室を貸してくれた会社の社員の人たちも仲間になってくれて、活動が盛り上がっていったんです。

長岡　すごくいいアイデアですね。すぐにでも学生たちに真似させたいです。

横石　その後にちょうど東急グループが渋谷に大規模商業施設「渋谷ヒカリエ」をオープンするタイミングと合致したのはラッキーでした。イベント会場として使える上階のフロアは、芝生風のグリーンの絨毯が敷かれて、仕切りは壁ではなく半透明のカーテン。堅苦しくなく、まるで『ドラえもん』に登場する空き地のような余白がある。一番広いスペースで100人収容と、大規模過ぎないのもいい。「渋谷を〝遊びの場〟から〝働く場〟にしませんか」とプレゼンして、勤労感謝の日を中心とした1週間を借りることができました。ビジネス利用を求めていた東急さんのビジョンと合致したのが成立のポイントだったと思います。

長岡　そこから年々賑わい、〝働き方の祭典〟としてユニークな盛り上がりを見せていった。2020年は完全にオンライン化に踏み切り、これも大盛況だったと聞いています。今日はリアル空間でのイベントについて伺いますが、TWDWには他のビジネス系カンファレンスとはまったく違う、即興性を楽しめるゆるやかな空気がありますよね。どう設計していったんでしょうか。

横石　第1回からイメージしていたのは「働き方のフジロックフェスティバル」です。フジロックの会場には、偶然の出会いが呼ぶ面白さがあります。いろんなジャンルの音楽が流れていて、ふらりと歩いてたまたま立ち寄ったステージで出会ったバンドのファンになったり、同じステージを隣で聴いていた人と仲良くなったり。働き方についても、普段はあまり知ることができない人の話に触れて、その場の空気ごと五感で吸収しながら、自分自身の発見を楽しめたらいい。今はインターネットでいくらでも情報は取れますが、本当に面白い〝本質〟のところは後付けの言葉からは得られないと僕は思っていたんです。

長岡　〝過去形〟になっていない本質を見せることが重要。その感覚を横石さんは最初からもっていたんですね。とても共感します。生身の人の体験や思いは、本やウェブに載った途端に〝情報〟としてお行儀よくデコレートされてしまうのだけれど、本当の面白さはライブにある。ライブの面白さとは、常に確定せずに〝進行形〟であること。僕自身も、TWDWに行くたびに、目の前で話す生身の人たちの面白さに魅せられます。

ライブというと、アートや音楽、ファッションのような一部のクリエイティブな世界のものだった印象がありますが、横石さんはライブを働き方とつなげた人なのだと思います。大学の教室や企業の会議室とは全然違う柔らかな場で、働き方を語り合う。そこに目をつけたのが本当にユニークですよね。

横石　おっしゃる通りで、面白いものは言語化しづらい。僕が詩人だったらいいのになと思うくらいなのですが、楽しそうに働いている人たちを呼んで話してもらい、それを聴く人に感じてもらうしかないんです。以前、法律家の水野祐さんとの対話の中で、「難しいものをわかりやすくする必要はないのではないか。難しいことを難しいまま受け止めたい」と聞き、深く共感しました。働き方について語るときや書くとき、つい短くわかりやすい言葉に短縮してまとめがちですが、そこからこぼれ落ちてしまうものがたくさんある。どんな表情で、どう語るのかも含めて、その人の働き方を丸ごと体で感じられるのが、ライブセッションならではの良さだと思います。

長岡　僕もゼミでゲストに話をしてもらうことがよくあるのですが、一方的な「プレゼン」をされると受け身になって聞いてしまう。やはり掛け合いが生み出すグルーブ感がないからでしょう。だから、ゲストには「『皆さん』と語りかけるのはやめて、僕に向けて話してください」とお願いをするんです。すると、即興的に話が展開して、インスピレーションが湧いてきます。横石さんは登壇者の方々には事前にどんなリクエストを？

横石　当日話す内容については、ほとんど僕はノータッチです。僕は何も仕事をしていないなと反省するくらいなのですが、要は答えを先に用意したくないんです。オチも必要ありません。登壇する皆さんには、〝素〟の状態で来てほしいと思っているし、自己紹介スライドさえ要らないイベントに僕はしたい。過去の実績の話はほどほどにしていただいて、「今ここで感じていること」を表現してほしい。事前に準備をし過ぎると、予定調和な展開になって、ライブでやる意味がなくなってしまうと思っているんです。

長岡　そうですよね。答えを用意した上で逆算して展開するのではなく、答えがわからない方向へとどんどん進む過程を楽しむ気持ちが大切なのだろうと、僕も感じています。ところが、学生たちを見ていると、計画通りに物事が進む状態を常に求めていて、どこかに出かけるにしても達成される目的が明確でないと動けない子が多いように思えて気がかりなんです。横石さんは言葉での説明に偏らず、「行ってみればわかるよ」と誘い出している。その場に身を委ねなさい、と。

横石　働き方を頭で考え過ぎるとよくないと思っているんです。もっと体で考えたほうがいい。事前に説明を受けなくても、飛び込んでみて面白いなと感じる瞬間をもつ体験で、人はいろいろなきっかけを見つけていくんじゃないか。僕はそんな場をつくろうとしているんです。

長岡　体で考えよ、とは面白いですね。

横石　ＴＷＤＷの会場は１００人くらいしか入らない小箱なんです。働き方をテーマにしたイベントは企業の協賛を募って１０００人単位で開催するのが増えてきていますが、僕はあえて「大きくしない」ことを意識しています。１００人規模の小箱でやるとライブハウスのような熱がこもる場所になりやすいんです。声や熱が届いて、メッセージが伝わっていく。すると、今まで言葉にできていなかったモヤモヤが一気にときほぐされるかのような電撃的な感動をつくれる。それも計画するものではなくて、話す人と聴く人の間で起きる出会い頭のアクシデントのような偶然で。僕は会場で涙する人を何度も見てきましたし、「こんなイベントをやってくれてありがとう」と握手されたこともあって、きっとこの形でいいんだろうなという実感があります。

長岡　もうひとつ、ＴＷＤＷの場づくりの面白さは「ゆるさ」にあると思っています。すべてのセッションがハイテンションなわけではなくて、のんびりとした雰囲気で、ゆったり流れるセッションもある。緩急が絶妙に混在しているんですよね。だから、ＴＷＤＷの正しい楽しみ方は、１日ずっとそこで過ごすこと。関心あるテーマだけをピンポイントでねらうのではなく、「このセッションは少し期待とは違ったかも。でも想定外の発見もあるなぁ」といった体験も織り込んで、冗長な時間をゆったり味わって面白がる。

横石　話題についていけなかったとしても、たまたま隣の人と話してみたら、めちゃくちゃ面白い人だったりして、その出会いが印象に残ったりする。長岡さんのような楽しみ方をする大人が増えてくれると、主催者としてやりがいがあります。

長岡　普段ビジネスに熱心な人ほど、コスパを求めてしまうと思うんです。時間をかけるからには外したくないし、予想通りのことが起きてほしいと考えてしまう。でも、それでは新しい発見がないんです。

横石　同感です。ＴＷＤＷの中でも思い入れのあるプログラムが、「働き方１００人会議」。これは、１００分で１００人の働き方の悩みをその場で解決するというものです。一人ひとつずつ悩みをもち寄って、ランダムに向かい合った初対面の相手から即席のアドバイスをもらうことを繰り返していくんです。1時間も経つうちに、会場にいる90人くらいの人の悩みは消えてしまうんですよ。最後は、モヤモヤが残っている10人の悩みを、残り90人の力を結集してアドバイスして、トータルで100分経つ頃には100人の悩みが消えている。そんな設計です。悩みを解決してくれる相手は身近な人とは限らない。ゆるやかなつながりの中で出会う〝斜めの関係〟の人のほうが、意外なほど重要な気づきを与えてくれるものですよね。

長岡　面白い仕掛けですね。シナリオが最初からあるイベントでは、そうはいかない。

横石　こういう自由な仕掛けができるのも、僕らはノースポンサーでやっているからです。働き方と標榜しながら、転職や起業に限らず、生き方でもなんでも広げて話していい。答えのない場づくりになっている。答えを求めてくる人からすると、不満に感じるのかもしれませんが。

長岡　予定調和ではない、出会いのグループ感を生み出すには誰に語ってもらうかも重要になりますよね。登壇者の組み合わせはどのように考えているんですか？

横石　僕の仕事はそこですね。イメージとしては、新しい音楽バンドをつくるような気持ちでやっています。例えば、「ザ・リモートワーク」という名前でバンドをつくるとしたら、どんなメンバーがいいかな？　と考える。同世代の男性ばかり呼んでしまうと、おじさんファンしか来ないしなとか。

長岡　メンバーの組み合わせは自然と浮かぶものなのですか？

横石　台本をつくらない代わりに、マインドマップはつくるんです。真ん中に「リモートワーク」というキーワードを置いたときに、長岡さんや倉貫義人さんの名前がパッと浮かぶとします。次に、それぞれが普段よく話しているテーマのキーワードを連想ゲームのように書き出していく。つながる部分が出たり、間を埋める別のキーワードが出てきたり、思いつくままに書き込んでいくんです。すると、オーケストラのスコアのような流れが見えてくる。あとは、場に委ねます。これまであまり接点のなかった2人が出会い、その場で共鳴すると、とんでもないケミストリーが起きたりするんです。

長岡　「シナリオはなくていい」と約束された場所だから、立場や思惑が違う多様な人たちが、無理なく調和し、響き合い、ここでしか味わえないグルーブ感を生む。横石さんの場づくりの最大の魅力は、答えが見えないし、仕掛けすらよくわからない点なんです。でも、これは聞いておきたい。怖くないんですか。失敗する可能性に対して、横石さんはどんな構えをもって臨んでいるのか。多くの人は怖いはずなんです。成功が見えないまま踏み出すことが。

横石　ずるいと思われるかもしれませんが、僕の場合、計画を立てないから、失敗は起きないんです。端から見ると「あれは失敗だろう」と思われることであっても、僕自身はそう認識できていない可能性があります。もちろん、評価は見ますよ。アンケートでいい評価ばかり集まるわけではありません。でも、その評価を僕は〝解釈〟したいんです。なぜ面白くないと思われたのか、うまく伝わらなかったのか、その背景を考えて、また次に向けて進みます。例えば、会場で怪我人が出たら明らかに失敗ですが、そういった事故が起きない限りは失敗とは思わないかもしれないです。

長岡　まさに探索型ですね。計画から解き放たれることで、ここまで自然体でチャレンジできるようになる。ぜひ若い世代に伝えたい姿勢です。今日、横石さんと話をしてあらためて感じたのは、本当の「学習」の場はＴＷＤＷのような場を指すのだということです。社会人になってからの学習というと、資格を取るための勉強や、上手なプレゼンの仕方、データの読み方といったスキルを習得するための勉強をイメージすることが多いし、企業もそのための環境を用意することを学習支援と考えてきた。でも、これからの時代には、働き方や生き方、社会の未来について思索することも、重要な学習の一部と考えるべきだろうと僕は考えるのです。

横石　僕のイベントがそんな場になっていると嬉しいですね。

長岡　ＴＷＤＷに参加する人たちは、自分のキャリアを考えるだけでなく、みんなの働き方の未来像を議論する時間を楽しんでいるのでしょう。僕らは〝未来の働き方〟についてどう考えるのか？　日本のライフスタイルはどう変わっていくのか？　社会をジブンゴトにする視点で話しているうちに、あなたの迷いが解消され、私の迷いも解消していく。ワークスタイルとライフスタイルを別物とは考えず、そのつながりを未来志向で探っていくＴＷＤＷという場はなんとも魅力的です。そして、世の中に存在する境界線を軽やかに飛び越えていく横石さんの活動に、これからも注目していきます。

場づくりの〝達人〟との対談（2）

話を聞いたもうひとりの〝達人〟は、コクヨワークスタイル研究所所長の山下正太郎さんです。山下さんはコクヨグループが発行する雑誌『WORKSIGHT』の編集長でもあり、国内外のオフィスの最新事情に精通した方です。
2020年初めに世界中に広がった新型コロナウイルスの影響で、〝働き方と場の関係〟はどう変わろうとしているのか。そして、その変化の中で、私たちがより自分らしい働き方を求めるために、どんな視点が必要になるのか。山下さんの話からヒントを探ります。

長岡　在宅勤務を含むリモートワークが急速に浸透し、オフィスのあり方を問い直す議論が活発になっています。日本で「ワークプレイス」という場の概念にこれだけ注目が集まったのは初めてではないかと感じています。

山下　確かにそうかもしれませんね。もともと「働く場をどうデザインしていくか」という課題は、イノベーション創出や労働人口減少に悩む先進国では共通の課題でした。特に労働人口減少の問題に対しては、多様なライフスタイルへの対応、シニア世代や育児・介護・療養などで時間の制限がある人たちが働きやすい環境をいかにつくっていけるか。日本の「働き方改革」でも、この課題解消のためにさまざまな施策を打ってきました。しかし、コロナ前まではなかなか進んでいない状況でした。

長岡　長らく続いてきた「会社に行って、自分の席について、朝から晩まで仕事をする」というスタイルから抜け出せていないようです。自分たちのワークプレイスをどうデザインしていくかという課題に対して、日本人は真正面から取り組んでこなかったのでしょうね。ところが、コロナの影響で「出社しない働き方」が強制された。それを機に、ようやく試行錯誤が始まったと感じています。

山下　オランダやオーストラリアなど「働き方先進国」といわれる国では、画一的な働き方を強制するのではなく、フレキシビリティ（柔軟性）を高めることを通じて、いかに〝働ける人〟を増やせるかを早くから考え始めました。その観点から、生産性を高めるためのオフィス環境についても多くの試みを生み出しています。そのひとつとして発展してきたのが、Activity Based Working（以下、ＡＢＷ）です。これは一言で言えば

「時間と場所を自由に選択できるワークスタイル」のことです。例えば、ＡＢＷを採用しているオーストラリアのメガバンクでは、６０００人いる従業員の固定席がありません。「家で働いてもいい、カフェで働いてもいい、必要な時だけオフィスに来てください」という合意のもと、一人ひとりのワーカーに自分らしい働き方を追求してもらう。なるべく多くの人に働けるチャンスを提供して、個々のパフォーマンスを最大化する。つまり、生産性の向上につながる成長戦略として、ＡＢＷというワークスタイルが位置付けられているのです。ＡＢＷは90年代のオランダから生まれた概念で、今では世界中で注目されています。

長岡　いつ、どこで、どう働くかを個人が決める。「会社から指示された場所で、指示された時間通りに働く」というスタイルとは根本的に異なりますね。

山下　おっしゃる通りです。ＡＢＷでは主導権は完全にワーカー側にシフトしていて、働く場所と時間を自分の意思で選択できる。日本で一部浸透しているフリーアドレス制をＡＢＷと説明する人もいるのですが、それでは不十分。フリーアドレス制は、オフィスの中で席を自由に選べるというスタイルですが、オフィスすら選択肢のひとつになるのがＡＢＷなんです。

長岡　これまで日本にＡＢＷがうまく根付いていかなかった理由はなんだと思いますか？

山下　組織文化の問題が大きいと思います。製造業が強かった日本の企業社会は〝工場文化〟で成り立ってきました。規律を重視する工場の延長としてオフィスが設計されてきたので、整然と机が並んだ部屋の中で、決められた時刻通りに働くスタイルが前提にあり、遊びがほとんどない。組織のヒエラルキー構造の中で、働き方も「上に倣う」ことで形成されてきた背景があるので、いざ自由に働ける環境ができても、上司の働き方に合わせることを優先してしまう。上司がいつも同じ席に座って働いているとしたら、そのチームの部下は皆、同じ席に座ることになる。だから、「オフィスに来ないでください」と言われてしまい、"上司のマネ" ができなくなった途端、どう働いていいかわからず途方に暮れる人が多いのだと思います。

長岡　自由に働ける環境を与えられても、自分の判断で選択できない。

山下　そうですね。そもそも、自分自身がどんな人生を目指して、どんなワークスタイルで働いていきたいのかという「自分自身の生き方と働き方に対するオーナーシップ」をもつ発想が、日本人には乏しいのではと感じます。自分という独立した個人の人生の一部として仕事を位置付けるのではなく、「仕事＝組織の一員として働くこと」と考え、働き方を会社に決めてもらう。そんな自立性の低さが、ワークスペースの多様化を停滞させてきた要因だと思います。

長岡　これからは「働きやすい空間」の設計を他者に求めず、自分自身で自由につくり変えていく発想へと転換しないといけないということですね。

山下　そう思います。もうひとつ影響しているのが、日本の特徴とされる「ハイコンテクスト文化」です。ハイコンテクスト文化とは、ルールを言葉で説明するより〝空気を読む力〟が重視される文化。反対に、ルールを明確に言語化して共有することが求められるのがローコンテクスト文化です。ＡＢＷと相性がいいのは、明らかにローコンテクスト文化をもつ社会なんです。そういう社会だと、「明日からこういうルールでやります」という連絡があると、すぐさま一人ひとりが自立的に考え始め、個々人が独自の働き方をデザインしていくことができるんですね。ところが、ハイコンテクスト文化の社会でＡＢＷを実践しようとしても、みんな上司の顔色を窺いながらルールの共有を探ろうとするから、うまくいかないんです。ハイコンテクスト文化からローコンテクスト文化へ。制度や環境設計の前に、コミュニケーションのスタイルを変えることが、日本の働き方を変える条件として不可欠だと考えています。

長岡　お互いの姿が見えづらいリモートワークでは、「空気を読んで、上司や同僚と同じように行動しよう」という姿勢から脱しないと、上手くいかないですね。

山下　おっしゃる通りです。ポストコロナでは、ある意味、全世界がＡＢＷにシフトせざるを得なくなっていますから、日本は大きなチャレンジに直面することになりますよね。

長岡　これまでの凝り固まった状態から抜け出すチャンスとも言えます。

山下　オフィスの価値も問い直されていますが、同時に、より自立的に自分らしい働き方をデザインする力が、個人にも求められていくでしょう。

長岡　一筋縄ではいかないかもしれませんね。でも同時に、僕が期待を込めて注目しているのが、「働きながらできる〝越境〟の可能性」です。コロナによって図らずも加速しているＡＢＷによって、副業やボランティア活動、地域の活動など、いわゆる〝仕事じゃない〟活動を個人として始める人が増えているからです。これまでは、制度上では副業が許されている会社でも、「上司の目」や「同僚の目」といったハイコンテクストな要因を気にして、副業に飛び込めない人も結構いたと思うんです。男女共に取得できる育休が制度上は整っているのに、会社によっては取りにくいという問題があるのと一緒ですね。

山下　たしかに、制度はあっても普及しないという現象は、ハイコンテクスト文化の日本企業ではよく起こりますね。

長岡　副業を容認する雰囲気があったとしても、働く場所がオフィスに限定されていて時間的拘束も長く、副業をするための時間の捻出すら難しいという問題もありました。ところが、コロナ禍で在宅勤務を経験する人が一気に増えたことで、会社以外の世界とつながるチャンスも一気に増えたのではないでしょうか。Ｚｏｏｍなどオンライン会議システムや高速ネット回線の急速な普及も、追い風になっています。

山下　まさにそうだと思います。ワーカーが職場から離れた場所でひとりで過ごす時間が増えた結果、自分の時間を自分でコントロールする感覚をつかんだ人は多いはずです。自宅の周りの環境にも意識が向くようになったり、趣味や地域に根差す活動に重点を置くライフスタイルへの関心も広まっていくでしょう。自宅でもない、職場でもない、個人として関わるコミュニティが、リアル空間とサイバー空間にまたがる形で広がっていく。

長岡　非常に大きな転換期に来ていますよね。個人が自分の時間をデザインする割合が増え、雇用主である企業から拘束される時間が減ってきた。拘束が減ったということは、企業が個人の面倒を見なくなるということです。すると、「自分で決める」という行動が求められます。これまでの日本社会がハイコンテクスト文化で成功していたのは、「会社が決めてくれる」という前提があったから。雇用契約にハッキリと書かれているわけではなくても、企業と個人の間には「あなたが自分の時間を拠出してくれる代わりに、あなたの人生の面倒を見てあげますよ」という約束ごとが存在すると双方が了解していた。だから、会社が決めた時間、会社が指定した席に、個人は黙って座っていたんです。

ところが今、時間を丸ごと差し出す前提が大きく揺らいでいるわけです。

山下　ある意味、個人にとって非常に厳しい時代になると言えます。自分の頭で考え、自分の感覚に沿って行動し、学び続けなければ生き残れない。厳しいですが、方法はあります。長岡さんがおっしゃったように、副業は有効な切り口になるだろうと僕も思っているんです。さっきお話ししたように、日本人は人生に占める仕事の割合が高いので、いきなり「家族や趣味を大切に」と言われるより、副業という仕事上の文脈から新しい生き方を見いだすほうがハードルが低いのではないかと。これまで培ってきたスキルを本業以外の分野でどう応用できるのか、あるいは自分が好きで得意なことを仕事として生かすにはどうしたらいいのか。副業を起点にして自分の世界を広げてみようとするのは、ピンとくる人が多いはずです。

長岡　ここ数年で副業解禁の流れも加速していますし、堂々と副業ができる時代になりつつあります。この転換期の中で、個人が働く場所をいい意味で自分勝手につくっていく、ワークプレイスをＤＩＹする発想が広がっていくと面白くなると思います。僕がワークプレイスのデザインに強い関心をもっているのは、「自分の活動環境は自分でつくる」ことから本当の学びが始まると思っているからなんです。活動の〝場〟を自作自演する延長線上に、自分の働き方や、さらには人生そのものについても、試行錯誤を楽しむスタイルがあるのだと思います。世間が信じるアタリマエにとらわれず、独自の見方や判断を大事にする働き方や暮らし方が広がっていくチャンスだと、僕はポジティブに見ています。

山下　そうですね。変えることが難しいと言われてきた日本の企業文化を変えるチャンスであることは間違いないですし、オフィスの意味や意義も変わっていくでしょう。リモート中心の時代になっても、イノベーションを起こすには〝集合〟が必要と言われています。だから、ひとりで集中して進める作業はオフィスに限らず好きな場所で行い、コミュニケーション促進を通じて創発を生み出す場としてオフィスを活用する。今後は、そういった使い分けが進んでいくと思います。いずれにせよ、通勤のための移動が減り、個人が自由に使える時間が増えることは明らかです。

長岡　副業や地域のボランティアといった越境の機会は、これまでよりはるかにつくりやすくなりますね。知的好奇心を刺激するきっかけを、より多くの人がつかみやすくなるのはとても大きな希望になります。山下さんが注目する最新事例を、これからも楽しみにしています。今日はありがとうございました。

場づくりでもプロセスを大切にしよう

この章では、自分自身を揺さぶるプロセスを誘発する方法について考えてきました。漢方薬的な越境と、外科手術的なワークショップの対比から浮かび上がってきたのは、自分が活動する環境を自分自身で立ち上げようとする姿勢の重要性です。

組織や学校がお膳立てした環境を当たり前に受け入れ、与えられた環境に自分を適応させようとするのではなく、自分の方から環境に働きかけ、自分にふさわしい活動環境を自分自身でつくっていく。自分の活動を構成している要素を何ひとつとしてアンタッチャブルな与件とみなすことなく、自分の中の主体性をどこまでも突き詰めていく行動原理が、行動を組織に縛られず、判断を組織に依存しない〝心の自由さ〟につながっていくと、私は考えています。

だから、主体性発揮のきっかけとなる「場づくり」が、アンラーニングにとって重要な意味をもつということです。もちろん、私たちの意識を成果からプロセスに移していくことが、場づくりでも肝心なのは言うまでもありません。それは、2人のエキスパートの話からもわかります。

「イベントを盛り上げるには？」という問いを考える時、精緻に作り込まれた仕掛け・仕組みを、私たちは想像しがちです。ところが、横石さんは真逆のアプローチ。時間や話題を気にしないだけでなく、時には登壇者さえも事前に決めないことで、全ての参加者の主体性をギュッと絞り出すような場づくりをしています。それは、到達点を事前に決めず、参加者が経験する対話のプロセスを大事にするやり方とも言えます。

- ビッグアイデア・クラウドというゆるい関係
- 公私の間にある共（common）のマインドセット
- 試行錯誤を楽しむための直感と好奇心

2章で紹介した3つのキーワードをどうすれば実践できるのかのヒントが、横石さんの言葉には詰まっています。大切なのは、〝過剰な作り込み〟から脱却して、参加者の主体性を信じ、対話のプロセスを委ねることのようです。

また、「創造性を発揮できるオフィス空間」と聞けば、空間デザインのプロフェッショナルが設計するものと想像しがちです。ところが、山下さんの話を聞くと、世界の最先端オフィスは真逆の発想。状況に応じて使用者自らが「どこで働くか」を主体的に決めるABWというスタイルが注目されているようです。まさに、大切なのは出来上がった空間の創造性ではなく、空間をつくっていくプロセスの創造性だという発想と言えるでしょう。

どうやら、私たちは勘違いしていたようです。場づくりは優れたデザイナーに任せるべきだと。アンラーニングへとつながる活動環境に必要なのは、私たちの意識を成果からプロセスに移していくスイッチだったのではないでしょうか。山下さんの話から、大切なことは学んでいくプロセスにあるという学習観が改めて思い起こされます。

そして、2人の話を聞いた私が思い出したのは、エドワード・W・サイードが説く「アマチュアリズム」について。

「アマチュアリズムとは、専門家のように利益や褒賞によって動かされるのではなく、愛好精神と抑えがたい興味によって衝き動かされ、より大きな俯瞰図を手に入れたり、境界や障害を乗り越え、さまざまなつながりをつけたり、また、特定の専門分野にしばられずに、専門職という制限から自由になって観念や価値を追求することをいう」[5]

放っておくと凝り固まってしまう自分の中の〝正しさ〟を解きほぐし、世間の常識や組織の束縛から自由になって、自分の進むべき方向や目指したい未来像を探索しようとする姿勢。そのために、脱予定調和的なドキドキ感、モヤモヤ感を楽しもうとする意識。それらをいざなう場づくりのスピリットがアマチュアリズムという考え方の中に凝縮していると、私には感じられます。

5　エドワード・W・サイード（1998）『知識人とは何か』平凡社

3.5章

ここまでの〝旅〟を振り返る
〜手段化しない働き方・生き方〜

私たちの〝知的探索の旅〟は、5人の〝先駆者〟のストーリーから始まりました。そして、越境や場づくりといった活動の意味や、アンラーニングとの概念的関係について考察を深めていく中で、「アンラーニングしながら働き、生きる」ことを意味づけるいくつものキーワードを見いだしました。

おそらく、読者の皆さんにとってピンとくる言葉や表現はそれぞれだと思いますが、そこから醸し出される雰囲気は似通っているのではないでしょうか。

さて、アンラーニングしながら働き、生きるとはどういうことか？ ここまでの旅の中で、「短期的な成果や、直接的な見返りにこだわらないで、活動そのものを楽しみ、プロセスを大切にする働き方・生き方」が見えてきました。そして、成果、見返り、目的達成といった言葉とは違ったニュアンスを感じつつ、〝先駆者〟たちの話を読み返してみれば、5人の発した言葉の中から、そのイメージをはっきりと描き出すことができると思います。

例えば、神谷俊さんは、フリーエージェント的な自分の働き方について、興味という言葉を使いながら語っています。また、倉貫義人さんは、好奇心と試行錯誤という言葉を使いながら、目的達成にこだわらない働き方について語っています。そして、青木純さんは、はっきりと「成果や見返りを求めない」と明言しています。

・神谷俊さん……「向こうが気が向いた時に相談をしてきて、僕も気が向いた時に応える。お金をいただいていないので、仕事というより趣味に近い感覚です。そこから先、本格的に案件化した時点で業務委託契約を結ぶこともありますが、僕にとってはそれが目的ではありません。ただ、面白いし、興味があるからやっているんです」

・倉貫義人さん……「リモートだ、ホラクラシーだ、ティールだと注目されていますけど、どれも創業当初から掲げていたミッションではないし、とりわけこだわりをもって目指していた訳でもないんです。目の前に現れてきた好奇心をくすぐることに反応して、とりあえず『やってみよう』と取り組んできた。そんな試行錯誤を積み上げてきた結果でしかなくて」

・青木純さん……「時間をかけ、手間をかけ、続けていく。そのプロセスの中で、同じ船に乗る仲間を増やしていく。自分が一番やるべきことは、儲け話に乗ってくれる人を説得することじゃないし、有力者とのコネをつくろうと躍起になるのも違うと思う。損得じゃない人間関係を、マルシェに出店する人との間で深めていくことなんだと考え、成果や見返りを求めないコミュニケーションを重ねていきました」

目的や成果にこだわらない3人に共通しているのは、自分の活動を目的達成の手段とはみなさない姿勢。言い換えると、彼らが実践しているのは、「活動を手段化しない働き方・生き方」と表現することができます。そして、同じようなスタイルは、吉岡マコさんにも見いだすことができます。

・吉岡マコさん……「これってすごく大事なことだな。もうちょっと知ってみたい。そう感じたら、仕事に関係あるなしを気にせず、自分からドアをノックしにいきます。『こういう機会があるので参加しませんか』とオファーをいただけた時には、『声がかかるからには、何か意味があるのだろう』と考えて、ちょっと背伸びが必要な場にも飛び込んでみることが多いです。過去との連続性や整合性はあまり気にしません。全部、その後の自分次第でつながっていくものだと思うので」

目的達成にこだわる発想から自由になった吉岡さんの言葉からは、「活動を手段化しない働き方・生き方」の鮮明なイメージが伝わってきます。それはまさに、影山知明さんが旅のメタファーで語っているスタイル。目的達成の効率よりも、活動のプロセスを大切にする姿勢だと言えるでしょう。

・影山知明さん……「成果やゴール、つまり〝目的〟を最初に定義して、いかに最短距離で到達するかを追求し始めると、そこまでの道のりは〝手段〟になってしまう。

そこに向かう途中の出来事や思いは目的達成に役立つかどうかだけで判断され、それ以外の可能性は無視される。でも、何が自分にとって意味あることかは、実際にやってみないとわからない。旅の途中と同じで、最初から何が意味あることかがわかっている訳ではない。さまざまなハプニングを乗り越えながら旅を続け、家に戻ってきたとき、初めて経験の意味を見いだせるんです。だから、僕はスタッフが何かを発案した時に、『それをやる必要性はあるのか？』を問うことはしません。大切なのは、『やりたい』という気持ちがどこまで強いかであって、どんな成果が見込めるかをやる前に明確にすることじゃない。『本当にやってみたい』という本人の熱意が伝われば、十分に始める理由になると信じています」

組織や学校がお膳立てした目的を無批判に受け入れ、与えられた目的を達成するために疾走し続ける姿に対して健全な疑問を投げかける影山さんのメッセージを読み返してみると、「手段化しない」というスタイルの意味が見えてきます。目的をアンタッチャブルな与件とみなすことなく、常に自分の中の〝正しさ〟を揺さぶることで、行動を組織に縛られず、判断を組織に依存しない〝心の自由さ〟を醸成しようとすること。それが「手段化しない働き方・生き方」、つまり、アンラーニングしながら働き、生きるということだと言えそうです。

さて、アンラーニングをめぐる〝知的探索の旅〟も、ここでひとつの区切りを迎えることになります。そして、私たちの旅は新たな世界へと入っていきます。

次章から考察対象となるのは学習という活動。「手段化しない」という働き方・生き方が、学習の新たな意味や意義をどう切り開いていくのか？　組織論、社会論、コミュニケーション論、学習論などの知見をヒントにしながら、新たな働き方・生き方を切り開いていく創造的な活動としての学習の可能性を探っていきます。

「学習は手段なのか？」

本書の冒頭に提示したこの問いを出発点として、「働くこと・生きること」と「学ぶこと」の関係をめぐる探索を開始します。なかなか難解ですが、モヤモヤ感、ドキドキ感を楽しむことが大切です。さあ、働き方・生き方と学習の関係を再構築していく〝知的探索の旅〟を続けましょう。

第3部

アンラーニングを捉える

4章

学習を手段化する人材育成的視点

「学習は手段なのか？」という問いかけが本書の始まり。ここから、私たちは〝知的探索の旅〟へと歩み出しました。そして、「アンラーニングしながら働き、生きること」の意味について考える中で、「活動を手段化しない働き方、生き方」の魅力や、現代的状況におけるその大切さを知りました。

「手段化しない」とは、組織や学校がお膳立てした目的や環境を無批判に受け入れることなく、自分にふさわしい目的や環境を自分自身でつくっていくことです。つまり、自分の活動に関わる要素をアンタッチャブルな与件とはみなさず、主体性を力強く発揮していこうとする行動原理を、本書では「活動を手段化しない」と呼んでいます。

そして、これも繰り返し言ってきたことですが、「手段化しない」という行動原理こそが、行動を組織に縛られず、判断を組織に依存しない〝心の自由さ〟を醸成していくと、私は考えています。すなわち、それが「アンラーニングしながら働き、生きる」ということです。

ここまでの理解を踏まえた上で、第3部（4章、5章）では改めて本書の根底にある問題意識を呼び起こし、**「働くこと、生きること」と「学ぶこと」の新たな結びつき**を探っていきます。

プロローグで語った通り、アンラーニングには新たな仕事観と新たな学習観が渾然一体となって埋め込まれています。だから、アンラーニングに関する議論は「働き方・生き方」と「学習」という2つの視点が相互に絡みあいながら展開していきます。そこで本章では、「学習を手段化しないとは、一体どういうことを意味するのか？」、「学習を手段化することにはどんな問題が潜んでいるのか？」といったことを問いかけつつ、「活動を手段化しない働き方、生き方」を切り開いていく創造的な活動としての学習の可能性を探ってみたいと思います。

まずは、私たちの視点を仕事と学習の接合点に移しましょう。それは**人材育成**と呼ばれる活動です。ビジネス実務に関連した学習活動は一般に「人材育成」と呼ばれていますが、この分野における学習の意味を整理することから〝知的探索の旅〟を再開したいと思います。そして、組織論、社会論、コミュニケーション論、学習論などの知見を手掛かりに、「手段化しない」という思考と活動のスタイルが、人材育成における学習の意味や意義をどう変えていくのかについて、概念的な探索を進めます。

学習科学者がビジネス界にやってきた

「大学は人材育成を担っている気概をもて」という話が世間で語られるようになりました。おそらく、賛成／反対は読者の中でも分かれると思いますが、こういう状況を目にすると、「学習」という活動と「人材育成」という活動がきちんと区別されていないのだなという印象をもちます。だから、「人材育成的な学習」という言い方をすると、ピンとこない読者の方々も少なくないかもしれません。

実は、そういう方にこそ、ぜひ本書を読んでほしいと思っています。人材育成という分野では、学習についての独特の理解とやり方が浸透していると、私は理解しています。そして、アンラーニングについて考えることは、人材育成における学習の意味とあり方を再構成していくことになるはずです。では、どのような意味で、人材育成における学習は独特なのでしょうか？　本章の以下では、それを明らかにしていきましょう。

若い人は意外に感じるかもしれませんが、学習という言葉がビジネス社会でフツウに使われるようになったのは、比較的最近のことです。私がイギリス留学から戻り、人材育成の実務現場でフィールドワークを始めた1990年代、ビジネスパーソンにとって学習という言葉は「子どものお勉強」を連想させるものでした。企業の人材育成担当者の中には、自分たちの仕事が学習という言葉で語られることに違和感を示す人も多く、インタビューの場面で「経営学じゃなくて、学習の研究ですか？　ここは小学校じゃないんで、学習なんていう言葉を使っている人はいませんよ」と言われたこともあったほどです。

そんな状況が変化して、学習という言葉が日常のビジネス会話で違和感なく使われはじめたのは、すでにバブル経済が弾けた後、21世紀に入った頃のこと。つまり、学習科学の研究成果がビジネス分野に浸透し始めたのが、この時期だということです。そして、特に強調しておきたいのは、この頃、研究成果の浸透と人の交流がシナジー効果を発揮し始めたということです。

教育学、認知心理学、情報科学などの学習に関わる多様な分野の研究者が参加して、学習科学と呼ばれる活動は進められています。もちろん、その成果は学術書などを通じて、以前から入手可能でした。でも、馴染みのない考え方や言葉を、学術書だけで実務家の間に浸透させるのは、なかなか難しいものがあります。しかも、経営学の成果なら馴染みのあるビジネスパーソンにとっても、学習科学は明らかに〝外国〟ですから。

そんな外国からの輸入が盛んに行われるようになったのは、ビジネス実務家、特に、人材育成担当者と直接交流する若手の研究者たちが学習科学の中に出現したからです。新進ビジネス実務に関連した学習理論や手法を紹介するワークショップやセミナーが、新進気鋭の学習科学者によって開催され、感度の高い人材育成担当者が参加するようになると、職場での学習活動に対する関心が徐々に高まっていきました。
人材育成のフィールドワークを開始し、学習科学の言葉が通じない経験を長い間してきた私にとって、その後10年間の変化の速さは大変な驚きでした。実務現場に学術用語や理論がどう浸透していくかを明らかにするには精緻な分析が求められますが、学習科学者と人材育成担当者の直接的な交流が大きな要因のひとつであることは否定し難いでしょう。この頃の状況について、教育学者の中原淳さんは、人材育成の実務家、認知科学者、組織論研究者の三者によって、「職場での学習（Workplace Learning）」という活動を意味あるものと理解するネットワークが構築されたと説明しています。[1] そして現在では、自分たちの仕事が学習という言葉で語られることに違和感を覚える人材育成担当者は、おそらくいないでしょう。

では、学習科学の成果が積極的に〝輸入〟され、経営的文脈に沿って〝翻訳〟されて

1　中原淳（2012）『経営学習論』東京大学出版会

いくプロセスを通じて、実務家の学びや成長に関して、どのような見方や考え方が浸透していったのでしょうか？　次にそれを見ていきたいと思います。

ビジネス界に輸入された学習科学の成果

学習という言葉がビジネス界に輸入されはじめた頃、時代の動きに敏感な人材育成担当者やコンサルタントによって、人的資源開発や教育訓練といった古いラベルが、ワークプレイス・ラーニングという新たなラベルへと貼り替えられていく中、人材育成の根幹にある考え方にも大きな変化が見られるようになりました。

「知識習得で仕事のパフォーマンスは向上するのか？」

新しい言葉の導入に積極的だった実務家、コンサルタント、研究者たちが、ワークショップやセミナーで熱く語り合っていたのが、この問いです。背景にあるのは、座学中心だった当時の企業研修への疑問。企業研修での座学を通じて教科書的な知識を得ても、それがビジネス現場でのパフォーマンス向上に結びついていないなら、研修には一体どんな意味があるのか？　ビジネス・パフォーマンスの向上に直結しない知識習得を「学習」と呼んでいいのか？　そもそも、人材育成の目的は知識習得なのか、それとも、企業利益への貢献なのか？　学習や人材育成の意味をめぐって、先端的な人材育成関係者が熱い対話を交わしていました。

そして、古い言葉を捨てた彼／彼女たちが使いはじめたワークプレイス・ラーニングという言葉は、知識・スキル習得という意味ではなく、「仕事の中で生じる行動変化や成長を通じた、個人・組織のパフォーマンス向上の実現」[2]を意味すると理解されるようになったのです。

つまり、２０００年代の人材育成の現場には、学習という表面的な言葉だけが輸入さ

２　長岡健、北村士郎（２００６）「「企業は人なり」とは言うけれど」、『企業内人材育成入門』中原淳編、ダイヤモンド社、pp１-10.

れたのではなく、「学習＝知識習得」から「学習＝パフォーマンス向上」へのパラダイムシフトが起こったと言うべきだと思っています。

この時、人材育成の現場におけるパラダイムシフトを後押ししたのが、学習科学の研究成果、特に、非学校的環境における〝大人の学習〟に関する知見です。具体的には、以下のような認知科学的な知見が、人材育成の現場にも知られるようになりました。[3]

- 教科書的な知識をもっているだけでは、仕事の中で高いパフォーマンスを発揮することはできない
- 学校的な環境で「教わる」だけでなく、現場でさまざまな実践に取り組むことを通じて、実務家は経験的に学んでいる
- 「子どもの学習」と比較すると、「大人の学習」は問題解決的であり、目的志向的である傾向が強い

これらの知見は人材育成の現場に紹介される過程で、「大人の学習は教室ではなく、現場で起こる」という意味に翻訳されながら、いわゆるＯＪＴ（On the Job Training）的な育成スタイルの理論的根拠として定着していきました。

さて、学習科学者と人材育成担当者の交流から生まれた新たな動きを理解する時、「学習という言葉の導入」や「ＯＪＴへの注目」という表面的な変化の背後にある、本質的な変化を見逃さないことが大切です。では、その変化とは何か？

人材育成はビジネス・パフォーマンス向上のための〝手段〟であるという明確な視点が浸透したことだと、私は理解しています。つまり、学習科学者と人材育成担当者の交流によって輸入された学習という概念が、人材育成の実務家、学習科学者、組織論研究者の三者が構成するネットワークの中で翻訳され、「学習＝企業の利益に寄与する人材

3　ここに挙げた例を含め、人材育成の現場に紹介された学習科学的な知見は次の文献に詳しい。『企業内人材育成入門』中原淳編（２００６）、ダイヤモンド社

のパフォーマンス向上」という独特の意味が付与されていった。当時、フィールドワーカーとして人材育成の新たな動きを観察していた私は、このように理解しています。

人材育成が企業経営の手段として強く意識される以前には、「何のための講義なのか」、「教科書的な知識はどんなメカニズムで生産性向上に寄与するのか」を突き詰めて考えることなく、研修が漠然と行われている場合も少なくありませんでした。そこに〝手段〟という視点が入ることで、企業の利益に直結する有能さを追求するシビアな姿勢がもたらされることになります。このような側面に着目した時、「手段としての人材育成」という視点の浸透は、実務現場にポジティブな変化をもたらした部分もあると、私は考えています。それは結果として、ビジネスの実践力に関する理解の深まりにつながっていきました。

ビジネス実務家の実践的な有能さ

では、ビジネスの実践力とはどのようなものと理解できるのでしょうか？　その特徴を理解するために、スポーツとビジネスの実践力を比較してみましょう。

単に知識をもっているだけでなく、ある分野で優れた成果をアウトプットできる実践者のことを、学習科学では「熟達者」と呼びます。そして、長期的な実践経験を積み、暗黙知的な技能習得を通じて、熟達者は実践的な有能さを獲得していくと理解されています。この獲得プロセスが「熟達化」です。

ただし、実践的な有能さは分野ごとに違う特徴をもっています。スポーツの熟達者は、「決まった手続きを、速く正確に自動的に行える実践者」[4]だと言えます。つまり、決められたルールの中でハイパフォーマンスを発揮するのが優れたアスリート。だから、

4　学習科学では「定型的熟達者（a routine expert）」と呼びます。

「より速く、より正確に」を目指して、徹底した反復練習による基盤技能の習得に取り組む。それがスポーツの世界における実践的な有能さを獲得していくプロセス（＝熟達化）だと言えます。

一方、ビジネスの熟達者は「変化する状況の中で、一定の手続き・課題に対して、柔軟に確実に対処できる実践者」[5]だと言えるでしょう。スポーツの世界とは異なり、ルールが曖昧で不明確なのがビジネスの世界。そして、ビジネスパーソンが直面するのは、常に不確実で、不安定で、矛盾に満ちた現場で発生するトラブルの数々。そこはビジネスの教科書に載っているような整然とした状況ではなく、最先端の分析手法を駆使する時間的余裕もない。さて、そんな修羅場を上手く乗り切ってみせるのがビジネス的な意味での実践的な有能さだと言われれば、ビジネスパーソンなら「確かにそうだ」と頷くはずです。つまり、不確実で、不安定で、矛盾に満ちたさまざまな状況に、臨機応変に対処できるビジネス実務家を、学習科学では熟達者とみなしているのです。

そして、このような意味での実践的な有能さを発揮する熟達者の特徴について、プロフェッショナル教育の研究者であるドナルド・ショーンは次の点を挙げています。[6]

- 既存の知識に固執せず、新たなやり方を試みる柔軟性
- 分析や考察の結果を、躊躇わずに即実行するスピード感
- 行為の途中であっても、必要に応じて計画変更する判断力

つまり、ビジネス的な熟達者となるためには、臨機応変さの発揮が大切だということです。その上で、ショーンはさらに、臨機応変な対応を可能にする即興力は反復練習では身につかないと主張しています。スポーツとビジネスは相互に似通うものと語られる場合も多いですが、実は求められる実践的な有能さのタイプも、それを習得する方法も根本的に異なるというのが、学習科学の知見です。

では、どのようにビジネス的な意味での実践的な有能さを獲得していくことができるのか？　この難問に対するソリューションとしてビジネス界に輸入されたのが「経験学

5　学習科学では「適応的熟達者（an adaptive expert）」と呼びます。
6　ドナルド・ショーン（2007）『省察的実践とは何か』鳳書房

習論」です。

経験学習論と人材育成が出会った時

2000年代に人材育成関係者の間に広く知れ渡った「経験学習論」。第一の特徴は、学習者自らが経験知を紡ぎ出していくことを学習とみなしている点にあります。従来の学習論では、研究者やコンサルタントが発見・開発した知識や手法を習得することを学習とみなしていました。つまり、誰かが作り出した既存の知識を「学習者が獲得するプロセス」から、新たな知識を「学習者自身が生成するプロセス」へと、学習の意味が変容したという点において、人材育成分野にとって意義深いことだと言えます。

第二の特徴として、経験学習論では、「効果的な学習成果が達成されたか」という結果よりも、一人ひとりの実践者が色々な場面や機会を通じて、主体的に知識を構築・統合していくプロセスを重視している点が挙げられます。経験学習に関する研究者として、日本の人材育成業界で有名な社会心理学者ディヴィッド・コルブは、経験学習の特徴として以下の6点を挙げ、学習という活動の「結果」ではなく「プロセス」に焦点を当てることの重要性を特に強調しています。[7]

- 学習は「結果」ではなく、「プロセス」として理解すべきものである
- 学習は、経験に根ざした継続的な「プロセス」である
- 学習の「プロセス」は、環境への適応に際して対峙する、異なるモード同士の対立の解消をともなう
- 学習とは、環境に適応するためのホリスティックな「プロセス」である
- 学習とは、人と環境との相互作用をともなう

7 Kolb, D.（1984）Experiential Learning: Experience as the Source of Learning and Development, Englewood Cliffs, New Jersey: Prentice-Hall.

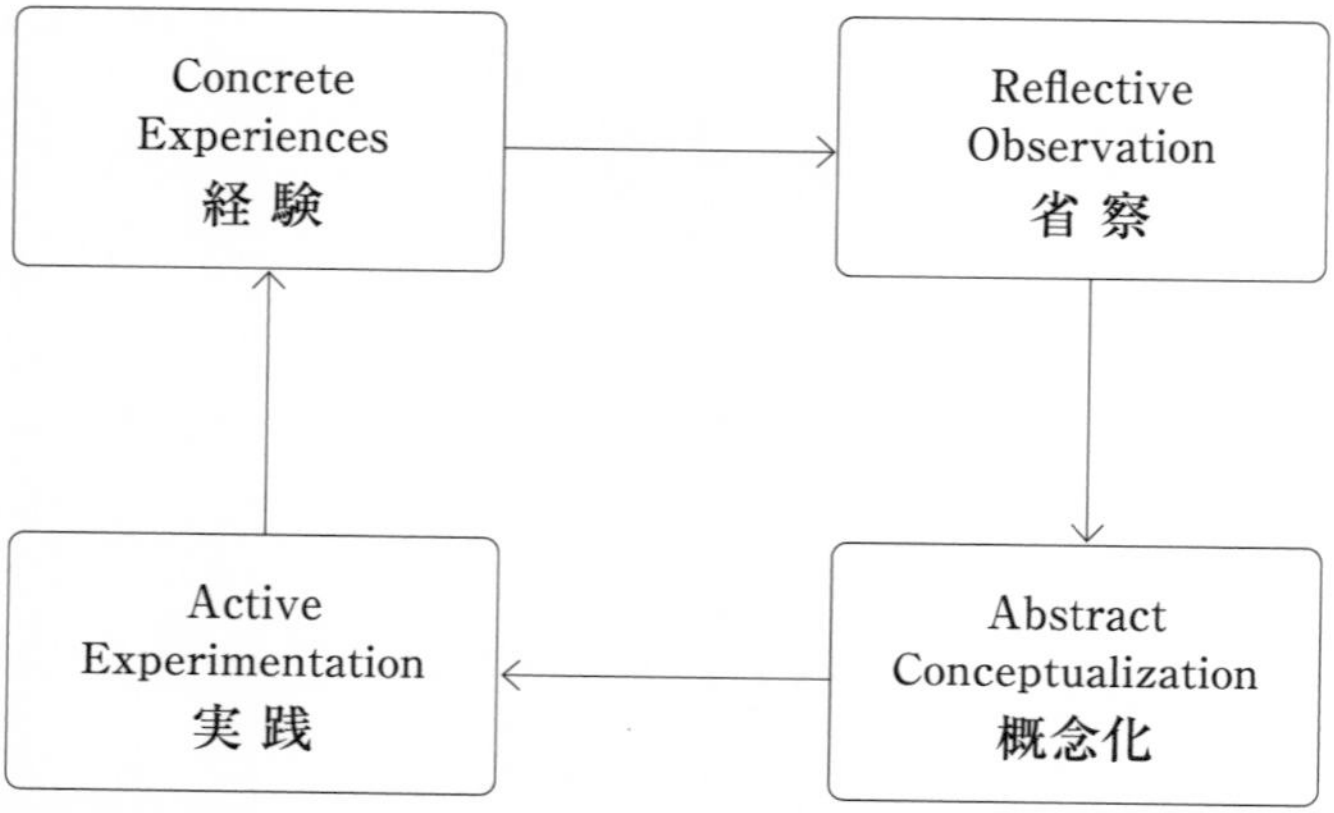

経験学習モデル（Kolb, 1984）

- 学習とは知識を生成する「プロセス」である[8]

人材育成の分野においては、6つの特徴から滲み出ている「プロセスを意識すべき」という主張が、ビジネス的な意味での高度な実践力をもった熟達者育成の重要なヒントとなったことに着目すべきだと言えるでしょう。

本章で説明してきたように、現場経験の中から即興的に生み出される経験知は、実践では大きな効果を発揮すると考えられます。しかし、その経験知は、限定された状況で一時的にしか活用されない〝束の間の解決策〟にすぎません。つまり、経験知そのものを一つひとつ獲得していっても、効果的な人材育成にはつながりません。「プロセスとしての学習」を重視する経験学習論的に見れば、大切なのは知識・スキルの習得ではなく、経験から自分なりの実践知を紡ぎ出していくプロセスを身体知化することだと言えます。

このような視点から、コルブは４ステージからなる経験学習モデルを使い、実践知を紡ぎ出すプロセスを表現しています。そして、コルブの経験学習モデルは人材育成分野の多くの人々に受け入れられ、経験学習論の浸透に大きな役割を果たしたのです。

学習の源泉は直接経験にある（経験のステージ）。その経験を振り返ることで（省察のステージ）、独自の経験知を作り出す（概念化のステージ）。さらに、紡ぎ出した経験

8　６つの特徴の日本語訳は、コミュニケーション論の研究者である加藤文俊さんの翻訳によるものを掲載した。加藤文俊（１９９８）「メディアとしてのゲーミングシミュレーション」、新井潔、出口弘、兼田敏之、加藤文俊、中村美枝子『ゲーミングシミュレーション』、日科技連、pp１２５-１６８.

知を実践の中で使うことを通じて（実践のステージ）、新たな経験を獲得する。そして、経験・省察・概念化・実践を繰り返す。

つまり、学習者自身が主体的に経験・省察・概念化・実践の4ステージ・サイクルを螺旋的に繰り返していくことが学習であるというのが、コルブ流経験学習論の見方です。繰り返しになりますが、彼の眼差しは、常に「プロセスとしての学習」にあり、彼の著作からは、生産性に直結した知識の効果的習得よりも、「学び方を学ぶ」ことへの関心が読み取れます。

輸入版経験学習と人材育成的学習の誕生

では、「プロセスとしての学習」を重視する経験学習論が、ビジネス界に〝輸入〟された時、どのような変化が起こったのか？　端的に言えば、効果的な経験学習の実現に向けた動きが始まった。つまり、プロセスよりも結果（成果）を求めるようになったということです。

具体的には、経験学習モデルの個々のステージをより効果的・効率的なものにするための方策が探られるようになりました。例えば、「経験のステージ」については、より高い学習成果を生み出す「経験」の研究に実務家の関心が集まりました。そして、本人の能力を少し超えた仕事にチャレンジすることが、能力を効果的に伸ばす良質な経験だと知られるようになりました。その他、実務家として「一皮むける」[9]ことにつながる仕事経験の研究なども注目を集めました。

また、「省察のステージ」や「概念化のステージ」については、対話的コミュニケーションを通じた振り返り（省察）の効果への関心が高まりました。そして、対話、物語、ナラティブなどに関連したコミュニケーション論の知見が積極的に輸入されることになったのもこの時期です。

9　金井壽宏（2002）『仕事で「一皮むける」』光文社

さらに、「実践のステージ」に必要な考え方として、心理的安全性[10]という概念が人材育成分野の実務家に浸透していきました。心理的安全性とは、失敗を許容する雰囲気がチーム内にある状態を意味しますが、経験学習プロセスにおいて、自分が紡ぎ出した経験知を使おうとする際に大切な要件となります。専門家が生み出したものではない経験知は当然のことながら、失敗のリスクが低くはありません。しかし、そのリスクを乗り越えて新たな経験を得ることが学習につながると考えるのが経験学習論です。従って、失敗を過度に恐れず、果敢にチャレンジする姿勢をいかに引き出すかが、効果的な経験学習を実践するキーポイントになるということです。

以上のような〝翻訳〟を経て、現在の経験学習論からは、コルブ流の「プロセスとしての学習」を重視する視点はほとんどなくなりました。その代わり、経験学習論とはビジネス的な意味での熟達者を育成する効果的メソッドであり、それは、困難を克服していく**修羅場経験**と**対話的内省**で構成されるという解釈が、人材育成の実務分野に浸透していきました。

そして、経験学習論をビジネス的価値観に合わせて翻訳したことが、結果として、効果的な人材育成手法やツールの発展に寄与したと言えるでしょう。つまり、所属組織の競争優位性に直結した「生産性の高い人材をつくること」が人材育成のミッションであると認識され、「学習＝企業の利益に寄与する人材のパフォーマンス向上」という独特の意味が付与され、「学習を手段として理解する」という発想が広がったことが、合理的な人材育成方法の開発・導入につながっていったのです。

その意味で、「手段としての人材育成」という視点導入の意義はとても大きいと言えるでしょう。特に、「為せば成る」的な前近代的な精神論や、「自分の若い頃はこうだった」的な狭い範囲の経験にもとづく自己流の育成方法が徐々に駆逐され、学習科学的な研究成果に裏付けられた合理的方法にシフトしてきた20年間の成果はとても大きく、企業経営の視座からその価値を疑う余地は全くありません。

10　A.Edmondson（1999）Psychological Safety and Learning Behavior in Work Teams, Administrative Science Quarterly, 44（2）, pp350-383.

ただし、同じ対象を見ていても視座が違うと、見える世界は違ったものになります。人材育成担当者が見ている世界は、学習者個人にはどのように見えるのでしょうか？育成担当者にとっての「手段としての育成」は、学習者個人にとっては「手段としての学習」ということになります。では一体、「手段としての学習」という視点が実務現場に浸透していくことで、学習者個人にとっては、どのような状況が発生することになるのでしょうか？

ここまでは人材育成をめぐる過去20年間の状況を「企業の視座」から見てきましたが、本章の後半では、「学習者の視座」に立ちつつ、個人にとっての人材育成的学習の意味について考察を進めていきたいと思います。

「突貫工事のエキスパート」への無言の圧力

まずは、ビジネス的な熟達者について、学習者の視座から再吟味していきましょう。

ルールが曖昧で不明確なのがビジネスの世界。そして、常に不確実で、不安定で、矛盾に満ちた現場で発生するトラブルの数々を上手く乗り切ってみせる実務家を、学習科学はビジネス的な熟達者とみなしていると説明しました。おそらく、多くの実務家はこのような「有能なトラブルシューター」をポジティブに評価すると思います。そして、数々の修羅場経験を積むことで「一皮むける」ような学習プロセスに意義を見いだすのではないでしょうか。

ところが、ベトナム戦争の報道でピューリッツァー賞を受賞したジャーナリスト、デイヴィッド・ハルバースタムは違う見方をしています。著書『ベスト&ブライテスト』[11]の中で、ハルバースタムが描くのは、「最良にして、最も聡明な人々」と称されたケネディー&ジョンソン政権のブレーンたち。彼らの言動を分析しながら、アメリカがベトナム戦争の泥沼に陥ることになった最大の要因を、彼らが傑出した「突貫工事のエキスパート」だったことに見いだします。

11　デイヴィッド・ハルバースタム（1999）『ベスト&ブライテスト〈上〉〈中〉〈下〉』朝日新聞出版

ベトナムをめぐる状況が悪化していく中でも、ホワイトハウスの知的エリートたちは、卓越した即興的対応力を発揮し、次々に起こるトラブルを何とか乗り切っていきました。しかし、「最良にして、最も聡明な人々」をもってしても処理しきれないほど事態が悪化したとき、ようやく、自分たちが問題の本質を見誤っていて、しっかりした長期ビジョンが欠如していたことに気づいたのです。

ハルバースタムは、長期ビジョンに立った舵取りに失敗したホワイトハウスの知的エリートたちに対して、否定的な評価を下しています。そして、さばき切れないほどの膨大な業務を鮮やかに処理し、計画を遂行するために並々ならぬ調整能力を発揮する一方で、問題の本質を見極め、長期的なビジョンを組み立てることの苦手な彼らを、皮肉を込めて「突貫工事のエキスパート」と名付けたのです。

ただし、「突貫工事のエキスパート」という皮肉っぽいネーミングを聞いたとき、複雑な気分になる人も多いのではないでしょうか。トラブルが発生している修羅場で求められ、高い評価を受けるのは、実は「突貫工事のエキスパート」です。そんな場面で「そもそも問題の本質は……」と語り始める〝意識高い系〟が歓迎されないことは、誰でもわかります。もちろん、ハルバースタムの指摘通り、長期的な視点でビジョンを描き、組織のメンバーを説得し、実行に向かうことができるリーダー的存在の重要性は言うまでもありません。トラブルシューターも組織のリーダーも共に価値ある存在だと、誰もが〝理屈では〟わかっています。でも、現場には「突貫工事のエキスパート」となることを求める無言の圧力があります。

一方、個人として、実務現場に直接的な貢献をしたいという意識が強ければ、知らず知らずのうちに「突貫工事のエキスパート」になっていきます。しかも、直接貢献を強く意識して学習に励むほど、よりハイレベルの「突貫工事のエキスパート」になっていくはずです。問題の本質を見極めたり、長期的なビジョンを組み立てようとするより、目の前のトラブルと全力で格闘する実践力を学習することになるからです。その結果、長期的な視野からビジョン構築することの意義を深く理解し、その能力を育んでいきたいと、頭の中では思っていても、自分の望まない「突貫工事のエキスパート」になることから逃れられない現実に埋め込まれていきます。

このような状況を無意識に受け入れてしまい、知らず知らずのうちに、組織が求める方向に向けて学ぶことを、私は「手段化された学習」と呼んでいます。つまり、学習目的を所与のものとして、もっぱら目的達成の効率化を目指すのが「学習の手段化」です。

学習の手段化が「茹でガエル」を生み出す

では、読者の皆さんなら、組織や学校がお膳立てした〝正しい目的〟を無批判に受け入れ、与えられた目的を達成するために全力疾走し続ける学習スタイルを選びますか？　それとも、組織や学校からの無言の圧力を撥ねのけて、自分にとっての〝納得できる目的〟を自ら探索していく学習スタイルを選びますか？

前者を選べば、組織や上司の求める知識・スキルの習得につながり、組織内での評価が高まるでしょう。後者を選べば、組織に縛られず、判断を組織に依存しない〝心の自由さ〟が醸成されていくでしょう。本書で繰り返し紹介している5人の〝先駆者〟がどちらを選ぶかは明らかですが、重要なのは自分自身の意志で主体的に考え、自分の進むべき道を決めること。どちらの学習スタイルを採ったかという結果よりも、どちらかを主体的に選べるマインドセットをもつことが大切です。

ところが、「学習の手段化」が日常的になっていると、自分が知らず知らずのうちに、組織や学校がお膳立てしてくれた〝正しい目的〟を無批判に受け入れていることや、自分の思いとは裏腹に、目的達成のために全力疾走していることに気がつかなくなっています。そして、「学習とは手段である」と無意識に思い込んでしまう。だから、上司や教員の指示通りに学ぶことに何の疑問も抱かず、そういう自分自身が問題なんだと感じることもないまま、「とりあえず、目の前の仕事（勉強）を頑張るぞ」という意識で日々を過ごしている。それが、「学習の手段化」の先に見える姿だと思います。

いわば、学習が手段化された世界に生きていることに気づかずにいると、突貫工事が得意な「茹でガエル」になってしまうかもしれないということです。

「カエルは熱湯の入った桶に入れられると、死にたくないから桶から飛び出してしまう。しかし、水の入った桶に入れられ、それをストーブにかけてゆっくり暖めてやる。そうするとカエルはいつの間にか、ゆでられて死んでしまう」[12]

さて、茹でガエルは「鈍感な怠け者」でしょうか？　おそらく、その逆で、「勤勉な実務家」ではないかと、私は考えています。ビジネス界では有名な寓話ですが、茹でガエルはかつて「鈍感な怠け者」のメタファーとして理解されていました。「ぼーっとしていると茹でガエルになるぞ」という上司の言葉に「勤勉な実務家をめざせ」という寓意が込められていたのは、人材育成的な学習が浸透する前のビジネス社会だと思います。

ところが、学習が手段化された世界では、勤勉な実務家だからこそ、上司や教員の言葉に何の疑問ももたず、指示に忠実に従い、与えられた目標に向かって全力疾走し続けることになるのです。目的は上から与えられるままに、とりあえず正しいことにしつつ、「突貫工事のエキスパート」として、ひたすら目の前の課題をこなし続ける結果、21世紀的な意味での茹でガエルになってしまうのではないでしょうか。

茹でガエルとは鈍感な怠け者のメタファーではなく、狭い器の中の〝正しさ〟を疑わない者のメタファー。学習が手段化された世界に生きる私たちにとって、それが茹でガエルの21世紀的な意味だと思います。本書の1章でフリーエージェント的な働き方の特徴として、「大きな組織から飛び出すリスクよりも、組織内の閉じた世界に篭るリスクを意識する」という点を挙げましたが、まさに狭い器の中の〝正しさ〟に凝り固まった茹でガエルになるリスクのことを意味しています。

学習の手段化を助長する「問題解決症候群」

繰り返し述べてきたように、「学習を手段化する」ことで、目的達成の効率化はアップするでしょう。そして、企業の視座に立てば、それは人材育成という機能の生産性向上に寄与することになります。ただし、学習者の視座に立つと、大きな疑問が湧いてき

12　Van de Ven,A.H.（1986）“Central Problems in the Management of Innovation”, Management Science, vol.32（5）. なお、日本語訳は次の文献から引用した。桑田耕太郎、田尾雅夫（１９９８）『組織論〔補訂版〕』有斐閣、ｐ３１３.

ます。

「組織や上司の指示通りに学んでいればいい時代は、今もまだ続いているのですか？」

おそらく、組織や上司の指示通りに学べばいい時代なら、「学習の手段化」もそれほど危ういことではなかったのかもしれません。でも、今が予見困難で多様な価値観に溢れる時代なら、組織や上司の指示通りに学んでいればいい保証はどこにもありません。にもかかわらず、時代の変化に目を向けず、組織がお膳立てした道筋に沿って疾走することが21世紀的な茹でガエルなのだと、私は理解しています。

では、21世紀的な意味での茹でガエルから抜け出すことはできるのでしょうか？　イノベーション研究者の妹尾堅一郎さんなら、「もし、あなたが〝問題解決症候群〟にかかっているなら、抜け出すのはなかなか難しい」と答えるに違いありません。

「イノベーションをいかに起こすか」という視点から人材育成に関する提言を行ってい

る妹尾さんは、高度経済成長期以降、イノベーションにつながる思考が苦手な日本企業のエリートには「問題解決症候群」[13]の兆候がしばしば見いだせると指摘します。それは〝症候群〟という言い方が示しているように、問題解決型思考の欠点が増幅された状態を指し、以下のような３つの〝悪い癖〟が顕著な場合を意味します。

①「問題は与えられる」という前提から逃れられない
②「問題には必ず唯一の正解がある」と思い込んでいる
③「正解は誰かが教えてくれる」はずだと想定している

つまり、問題解決症候群にかかってしまうと、上司や教員から与えられた問題を解くことは得意でも、解決すべき問題を自ら設定したり、克服すべき課題を発見することが

13 妹尾堅一郎（2012）「「問題解決症候群」から日本はいつ脱却できる」新ビジネス発想塾（第25回）『週刊東洋経済』2012/11/3号 pp96-97.

苦手になります。さらに、「何が正解か」がはっきりしている技術的問題を素早く解決することや、やるべきことが明確な課題を正確に処理することは得意でも、長期ビジョン作成のような正解／不正解がない問題を前にすると、どう考えていいかわからず立ち往生してしまう。そんな人物は問題解決症候群に罹患していると言えるでしょう。「正解のない問題」は、自分の価値観で判断するしかないのですが、組織や上司に判断を委ね続けていると、いざという時、判断できない状態に陥ってしまいます。

また、組織変革のように結果がすぐには見えない活動では、「自分の選択が正しかったのか」はすぐに判定できないと覚悟した上で、苦渋の決断を下すことが求められます。ところが、問題解決症候群にかかっていると、自分に自信がもてず意思決定できません。そして、誰も知るはずのない〝正解〟を探し求めて、さまよい歩き続けることになるのです。

さて、21世紀的茹でガエルに話を戻しましょう。これまでの説明を踏まえると、問題解決症候群にかかっている実務家が茹でガエル的な状態から抜け出すのは、どうやら難しそうです。

繰り返し説明してきましたが、学習が手段化された世界に生きていると、知らず知らずのうちに、突貫工事が得意な茹でガエルになってしまいます。だから、自分が狭い器の中の〝正しさ〟に凝り固まっているかもしれないと自覚することが大切です。でも、問題解決症候群に罹患していると、たとえ自分が「熱湯の入った桶の中だ」と気づいても、実際に桶から飛び出すことができない危険性があるということです。

なぜならば、茹でガエル的な状態から抜け出すには、組織や上司が提示した目的をそのまま受け入れるのではなく、自分にとって納得できる目的を、自分自身で設定することにチャレンジしなければならないからです。それは「問題を設定する」ことであり、「唯一の正解がない問題」に取り組むことであり、「誰も正解を知らない」状況を受け入れ、リスクを冒して苦渋の決断を下すことに他なりません。

ところが、それとは反対の方向に動くのが、問題解決症候群の罹患者です。「唯一の正解」が存在する「与えられた問題」を解き続け、組織の生産性向上に貢献する。そして、更なる生産性向上に向けて、組織の指示通りに「手段化された学習」に全力で取り組む。

企業の視座に立てば、それで何の問題もありません。ただし、学習者の視座に立って考えるなら、もう一度問うべきことがあるのではないでしょうか。

「組織や上司の指示通りに学んでいればいい時代は、今もまだ続いているのですか？」

アンラーニングさえ手段化される

「越境とは、これまで興味のなかったテーマ、直接的な利害関係が薄い人物、自分とは異なる価値観などにあえて触れていく体験を通じて、自分自身を揺さぶりながら、自分にとって当たり前な考え方やモノの見方を見つめ直し、自分の進むべき方向や目指したい未来像を探索すること」

本書3章では、越境とアンラーニングをこのように説明しました。続く本章では、学習が手段化された世界に生息する茹でガエルの存在や、問題解決症候群の罹患者が指示通りに黙々と走り続ける姿を知りました。

さて、ここまで本書を読んできた方々にとって、越境とアンラーニングの意義はすでに明らかでしょう。自分にとって当たり前な考え方やモノの見方、つまり、自分の中で凝り固まっている〝狭い器の中だけの正しさ〟を見つめ直すことは、組織や学校がお膳立てした〝正しい目的〟を無批判に受け入れ、与えられた目的を達成するために全力疾走し続ける学習スタイルを見直すことです。そして、組織や学校からの無言の圧力を撥ねのけて、自分にとっての〝納得できる目的〟を自ら探索していく学習スタイルに積極的にチャレンジすることです。つまり、アンラーニングとは「手段化された学習」を棄て去ることに他なりません。

古い価値観や思考に縛られず、世間的な常識や、狭い世界だけで通用するやり方から自由になるために、「手段化された学習」から自分自身を解き放つ。それが茹でガエルになる前に桶から飛び出すことや、問題解決症候群を治療することにつながると、私は考えています。もちろん、本書の中で繰り返してきたように、自分自身が解き放たれるのは「結果」であり、より大切なのは「プロセス」です。そして、自分を不安定な状態に置き、自分自身を揺さぶることを通じて、自分にとって当たり前な考え方やモノの見方を見つめ直し、自分の進むべき方向や目指したい未来像を見つけ出すことにつながっていく活動が、越境であり、ワークショップです。

ただし、「学習の手段化」はそう簡単に止まりません。むしろ、本来は脱手段化を目指しているはずのアンラーニングが、越境やワークショップの活動プロセスから切り離され、徐々に手段化が進行しているように感じます。つまり、アンラーニングさえも手段化されていくということです。では、「手段化されたアンラーニング」とはどのようなものでしょうか？　組織論的視点から描かれたアンラーニングのイメージをもとに考えてみましょう。

本書3章で紹介しましたが、組織論におけるアンラーニングとは、「不適切となった既存の習慣／知識／価値基準などを棄て、新たに、妥当性が高く、有用なものに入れ換えること」を意味しています。そして、組織の生産性向上を継続的に実現するには、因習化した知識や時代錯誤の価値観を「いかに棄て去るか」を考えなければならないと強調している点に、その特徴を見いだすことができます。つまり、アンラーニングは環境変化に対応する方法と理解されているのです。そのため、組織論的視点からのアンラーニングの説明には、「環境変化に対応する方法」という側面がしばしば見られます。例えば、以下の説明では、4人で行う伝言ゲームのメタファーを使って、アンラーニングが進行していく様子を描写しています。

「今まで「白」と伝わっていたものが、今後は「黒」とされることが判明した場合、修正情報として、新たにこの4人に「黒」という言葉が伝言されることになる。それが最後まで途切れることなく正確に伝わると、4人の知識は一斉に「白」から「黒」へと置き換わる。このサイクルが無事に一回転して初めて、個人の得た知識が組織の新たな知識として取り込まれ、それと引き換えに妥当性を欠いた知識が組織から排除されるわけである[14]」

---

14 安藤史江(2001)『組織学習と組織内地図』白桃書房、pp51-52.

この説明の中で、アンラーニングはシステマチックな情報伝達を意味しています。そして、伝言ゲームのメタファーからは、組織内の不要な知識を洗い出す全社的な業務改革プロジェクトのような活動を想像することができるでしょう。また、組織のアンラーニングを戦略的に推進する経営コンサルタントのような活動主体を思い浮かべることも可能です。いずれにしても、上からの指示に従って現場が動くタイプの組織行動として、アンラーニングが理解されています。つまり、現状を見つめ直したり、進むべき方向を考えたり、目指すべき未来像を提示するのは、学習者本人ではなく、あくまでも組織ということです。学習者は上からの指示に従い、「不適切となった習慣／知識／価値基準を棄て、妥当性の高いものに入れ換える」という行為だけを忠実に遂行することが想定されています。

このような意味をもつと理解されているアンラーニングを、私は「手段化されたアンラーニング」と呼んでいます。その前提にあるのは、「上司が問題設定し、部下が問題解決に専念する」という組織観。それを効果的・効率的に推進し、組織の生産性向上を促進するための〝装置〟が、「学習＝企業の利益に寄与する人材のパフォーマンス向上」

という解釈であり、「学習とは手段である」という視点です。

だから、アンラーニングというラベルが貼られていても、自分にとっての納得できる目的を自ら探索していく学習スタイルとは真逆の方向を指向しています。当然、茹でガエルや問題解決症候群からの解放にはつながりません。「手段化された学習」の解放につながるアンラーニングとは全くの別物。つまり、世の中には2つのアンラーニングが存在しているということです。

異なる意味をもつ2つのアンラーニング

どうやら、「学習の手段化」の意味をめぐる〝知的探索の旅〟も、徐々に目的の場所に近づいてきたようです。ヒントは「2つのアンラーニング」という視点。その違いを理解すれば、「学習とは手段なのか?」という問いに対する答えが見えてくるはずです。

まずは、ここまでの探索の道のりを整理してみましょう。旅の始まりは、「アンラーニングしながら働き、生きる」ということ。5人の〝先駆者〟のストーリーから見えてきたのは、常に自分の中の〝正しさ〟を揺さぶることの意義。そして、それが「手段化しない働き方・生き方」を意味しているという理解に、私たちは到達しました。

一方、「学習」という活動に視点を置きながら〝知的探索の旅〟を再開した私たちが足を踏み入れたのは「人材育成」の世界。高い志をもつ人材育成の実務家、学習科学者、組織論研究者の三者が織りなすコラボレーションが学習の意味と意義を変容させながら、洗練された方法やツールを広め、人材育成の生産性向上を実現してきた道筋をたどってきました。そして、見えてきたのは、その道筋が「学習の手段化」にもつながっていたということ。つまり、「組織の生産性向上」と「学習の手段化」が実は表裏一体の関係にあったということです。

さて、多様な価値観が交差し、先行きの見えない時代となった今、不思議なことに、全く異なる2つの視点が同じくアンラーニングを重視しています。ただし、付与されたのは全く違う意味。ここでは2つのアンラーニングをそれぞれ、**「変化に対応するため**

のアンラーニング」、「学習を解き放つためのアンラーニング」と呼ぶことにして、ここまでの議論を整理しましょう。

「変化に対応するためのアンラーニング」とは、組織論的視点を前提とした理解。「学習棄却」という日本語訳が当てられることが多いのも、この意味でのアンラーニングです。一般的に「不適切となった習慣／知識／価値基準を棄て、妥当性の高いものに入れ換えること」と理解されていますが、学習者個人に求められるのは、「棄て去る」「入れ換える」という上からの指示を忠実に遂行すること。つまり、何が「不適切か」「妥当性が高いか」の判断はあくまでも組織や上司が行うということです。言い換えると、学習棄却としてのアンラーニングは、組織が環境変化に適応するための〝手段〟という位置づけです。

そして、このような意味でのアンラーニング（＝学習棄却）は、人材育成的な学習との相性もよく、企業の利益に寄与する人材に必要な〝実践的な有能さ〟の一部として、「因習化した知識や時代錯誤の価値観を棄て去る実践力」が組み込まれていきます。ビジネスを取り巻くさまざまな変化に迅速に対応することが求められる今日では、このような意味での〝アンラーニング術〟を習得すること自体が、人材育成的学習の一部となっていると、私は理解しています。

一方、「学習を解き放つためのアンラーニング」という理解は、組織論ではなく、学習論の文脈での語りに見いだすことができます。そして、この意味でのアンラーニングは、哲学者の鶴見俊輔とヘレン・ケラーの対話から引用するかたちで、「学びほぐし」と訳されています。

手段化されたアンラーニング、つまり、「変化に対応するためのアンラーニング」との大きな違いは、何が「不適切か」「妥当性が高いか」の判断を組織や上司に委ねることなく、自分自身で行うべきという立場を明確にしている点にあります。しかも、単に組織や上司の代行ではなく、自分自身の中の〝正しさ〟を揺さぶり、従来の価値観や規範を見つめ直しながら、自分の進むべき方向や目指したい未来像を探索することを志向しているのです。

このような意味でのアンラーニング（＝学びほぐし）は、組織が環境変化に適応するための手段ではなく、学習者個人が自分自身の「学習」のあり方を見つめ直そうとする意志であり、それを実行していく行為は、「手段化された学習」から自分自身を解き放つプロセスの中にあると言えます。そして、茹でガエルや問題解決症候群からの解放へとつながっていきます。「学びほぐし」としてのアンラーニングの意味について、認知心理学者の高木光太郎さんは、以下のように説明しています。

「（学びほぐしの実践者は）いったん編み上げられた知が解体しつつ、不安定に揺らぎながら何か新しいものへと変化していく過程そのものに焦点をあわせる。揺らぐ現在から、少しずつ未来の姿が浮かびあがってくるプロセスを学びとして捉えようとするのである。どこかで誰かによってあらかじめ定められた未来に向かうのではなく、まだ姿がよく見えない未来の時間を「いまここ」で生成する」[15]

15　高木光太郎（2012）「第Ⅰ部　まなび学のキー・コンセプト　序文」、『まなびを学ぶ』苅宿俊文、佐伯胖、高木光太郎編、東京大学出版会、pp23-26.

つまり、「学習を解き放つためのアンラーニング」が重視するのは、因習化した知識や時代錯誤の価値観を棄て去ったかどうかの「結果」ではなく、行動を他者に縛られず、判断を他者に依存しない自分自身を醸成していく「プロセス」です。ここに視点を置くことで、古い価値観や因習、世間的な常識、狭い世界だけで通用する考え方などの限界を知り、自分の中の主体性を力強く発揮していくために、学習を脱手段化していく長く終わりなきプロセスの体験を、「学びほぐし（＝アンラーニング）」と呼ぶことの意味がわかってきます。

アンラーニング術からアンラーニング論へ

ただし、組織が環境変化に適応する場合とは異なり、「手段化された学習」を解き放つためのノウハウやテクニックは存在しません。学習を解き放つ〝アンラーニング術〟は存在しないということです。求められるのは、常に自分の中の常識を疑い、自分自身を揺さぶり続けること。だから、継続的に越境に取り組んだり、ワークショップで刺激を受けることを繰り返す。そんな学習スタイルを身体知化することが大切なんだと、本書では繰り返し言ってきました。つまり、こういうことです。

「アンラーニング術ではなく、アンラーニング論が必要だ」

ここで言う「論」とは、学術的な理論のことではなく、正しい道を探り続けようとする対話的なプロセスのことです。ここまでの言い方を使って表現すると、自分とは異なる他者と関わる経験を通じて、自分自身を揺さぶりながら、自分にとって当たり前な考え方やモノの見方を見つめ直し、自分の進むべき方向や目指したい未来像を探索する対話的プロセスという意味になります。

同時に、これが「学習は手段なのか？」という問いに対する私の回答でもあります。「2つのアンラーニング」という視点の違いを理解した上で、さらには、「学習＝企業の利益に寄与する人材のパフォーマンス向上」という概念がビジネスにもたらした功績を高く評価した上で、それでも、「手段化された学習」の解放は意義あることだと伝えたい。

学習の意味をめぐる〝知的探索の旅〟が終わりに近づきつつある今、私はその思いを新たにしています。そして、私の頭の中に浮かんでいるのは、5人の〝先駆者〟たちの記憶です。

さて、ここでもう一度、5人の先駆者たちを思い出してみましょう。古い価値観や慣習に縛られず、世間的な常識や、狭い世界だけで通用するやり方から自由になって、独自の道を歩んでいる5人。彼/彼女の中に見いだせるのは、決してノウハウ的なアンラーニング術ではありません。自立指向で、好奇心に溢れ、非消費的な活動スタイルを共通の原動力としながら、5人の先駆者たちが実践しているのは、常に自分自身を揺さぶり続け、自分にとって当たり前な考え方やモノの見方を見つめ直し、自分の進むべき方向や目指すべき未来像を探索する「アンラーニング論」なのだと、私は理解しています。それが、世間が信じるアタリマエにとらわれず、独自の見方や判断を大事にするワークスタイルにつながっているのではないでしょうか。

ここまで長い道のりを歩んできましたが、ついに私たちの〝知的探索の旅〟が終わりに近づいています。最後の章では、改めて、行動を組織に縛られず、判断を組織に依存しない新しいワークスタイルの話をしましょう。社会の変化をジブンゴトと受け止める姿勢、権力や損得に縛られない自由な人間関係、ライフスタイルとワークスタイルの絶妙なブレンド。そんな〝未来の常識〟を先取りしたワークスタイルの実現に向けた「アンラーニング論」を語ってみたいと思います。

5章

アンラーニング論を語り合う

「アンラーニングしながら働き、生きるとは、どういうことか。無味乾燥な用語の定義や箇条書きしたノウハウより、もっと鮮明なイメージを共有することから〝知的探索の旅〟を始めましょう」

本書の1章はこんな書き出しで始まりました。通常のストーリー構成なら、時代背景に言及しながら、学術用語を解説し、活用事例の紹介へと続くはずです。ところが、そんな流れを無視して、魅力的だけど摩訶不思議な5人のライフ・ストーリーがいきなり始まったことに、戸惑いを覚えた読者が多かったかもしれません。でも、長い旅路を共にしてきた今なら、4章の最後に示した一言を思い出し、「なるほど、そういうことか」ときっと頷いていることでしょう。

「アンラーニング術ではなく、アンラーニング論が必要だ」

本書では、「手段化された学習」から自分自身を解放し、行動を他者に縛られず、判断を他者に依存しない姿勢を醸成していくことの意義を伝えてきました。ただし、そのためのノウハウやテクニックは存在しません。だから、アンラーニング術を探すのではなく、アンラーニング論を語り合うことが必要なのです。

そして、ここでいう「論」とは理論ではなく、自分自身を揺さぶっていく対話的プロセスのこと。それは、繰り返し説明してきた「越境」のマインドセットに他なりません。

「越境とは、これまで興味のなかったテーマ、直接的な利害関係が薄い人物、自分とは異なる価値観などにあえて触れていく体験を通じて、自分自身を揺さぶりながら、自分にとって当たり前な考え方やモノの見方を見つめ直し、自分の進むべき方向や目指したい未来像を探索すること」

アンラーニングを実践しようとしている人に対して、この本はノウハウもテクニックも提示していません。その代わり、本書の中にちりばめたエピソードやメッセージが読者一人ひとりの中でさまざまなインスピレーションとなり、それぞれが独自の対話的プロセスを誘発していくことを期待しています。それが「アンラーニング論を語り合う」ということ。だから、著者である私の役割は知識伝達ではなく、対話をいざなうことだと考えています。

では、読者の方々に問いたいと思います。あなたにとって、「アンラーニングしながら働き、生きる」とは何を意味しますか。〝知的探索の旅〟の締めくくりとして、最終章では、これまでに得たインスピレーションをヒントにしながら、アンラーニング論を語り合いましょう。

自分探し中のあなたへのアンラーニング論

対話を始めるには相手が必要ですが、まず思い浮かぶのは「自分探し」というキーワード。アンラーニング論が、自分探し中の人にとって、どのような意味をもつのか。そんな問いかけから対話を始めたいと思います。

職業柄「自分探し」に悩んでいる若者と話すことがあるのですが、働き方や生き方についてとても真摯に考えていて、好印象を抱くことが実は多いのです。ところが、世間は「自分探し」に随分否定的です。私も「若者の自分探しは上手くいかないことが多そうだ」とは感じるのですが、だからといって、「そんなのは現実逃避。まずは実力をつけるべき」とつれなく言い放つ気にはなりません。私が彼／彼女らとアンラーニング論を語り合うなら、こんな問いかけをするでしょう。

「あなたにとって〝自分探し〟は学習活動ですか？」

「手段化された学習」とは、組織や学校がお膳立てした〝正しい目的〟を無批判に受け入れ、ゴールを目指して全力疾走し続けること。そんな学習観がアタリマエの世界にいると、自分が納得できる目的を探索していくことが重要な学習活動だとは微塵も思わない。そして、周囲の大人たちは「学習は手段だ」と言わんばかりのアドバイスを送り続けます。

「やりたいことが見つかってないなら、目の前のことを頑張ってみたらどう？　自分探しに悩むより、多くのことを学んでおいた方がいい。知識やスキルを身につけておけば、やりたいことが見つかった時に役立つのだから」

こんなアドバイスを聞いた若者たちは、自分の未来に不安を感じていても、「とりあえず、目の前の仕事（勉強）を頑張って、学び続けよう」と自分を鼓舞して、さらに走り出すことになります。でも、「手段化された学習」をどんなに頑張っても、不安が解消されることはありません。むしろ、本人としては、懸命に「学んでいる」つもりなだけに、かえって不安が大きくなってしまうものです。そして、耐え切れないほど不安が膨らんでしまえば、「放浪の旅に出る」ような、極端な行動をとりたくなっても仕方ないのかもしれません。

そんな行動を「現実逃避に過ぎない」と揶揄する前に、彼／彼女らに語りかける言葉があるように思います。例えば、アンラーニング論的視点からは、こんな提案ができるでしょう。

「学びの意味づけを変えてみませんか？」

私たちの目の前には、２つの学習観が存在します。ひとつは、権威ある誰かが設定した学習目的を所与として受け入れ、目的達成につながる知識・スキルを効率的に習得することを学習とみなす考え方。もうひとつは、「なぜ、自分は学ぶのか」を考えながら、学ぶことの意義を本気で探り、進むべき方向や、目指したい未来像を自分自身で見つけ出す。その探索的なプロセス自体が、自分にとって意味ある学習の一部だとみなす考え方。

「自分探し」に悩んでいる若者の多くが、前者の学習観、つまり、「学習とは手段である」という考え方に束縛されているように、私には見えます。でも、後者の学習観に立ち、「手段化された学習」から自分自身を解き放つことで、「自分探し」は重要な学習プロセスの一部になるのです。

ただし、「放浪の旅」や「勢いで転職」のような、無謀で極端な活動に頼っていては、自分の進むべき方向や目指したい未来像が見つけられないことは明らかです。学習を手段化する考え方を棄て去ることは、決して現実を無視することではありません。組織や学校の言いなりに動くことはないけれど、合理性を無視した理想主義に走ることもない。「世間が信じるアタリマエにとらわれていないか」や「自分自身の見方や判断を大事にしているか」を冷静に判断しながら、進むべき方向や目指したい未来像を焦らずに探索していく。そういうバランスのとれた道を目指すべきではないでしょうか。

1章では、このようなやり方を、「アンラーニングしながら働き、生きる」と表現しました。そして、鮮明なイメージを与えてくれる5人の〝先駆者〟たちを紹介したのです。活動を手段化しないで行動し続ける5人は、世間が押し付ける〝正しさ〟を無批判に受け入れるようなことはけっしてしません。だからと言って、彼／彼女たちが無謀な理想を追い求めることもありません。社会のあり方や自分の未来に関するビジョンを描きつつ、経済合理性とも折り合いをつけながら、自分と社会のどちらにとっても価値の高い仕事を推進している。その現実主義的な側面を見逃さないことが肝心です。

さて、5人の先駆者たちのストーリーからは、どのようなアンラーニング論を紡ぎ出すことができるでしょうか？　改めて、彼／彼女たちのストーリーを思い起こしながら、「アンラーニングしながら働き、生きる」ことの意味について、さらに対話を続けましょう。

5人の〝先駆者〟からアンラーニング論を紡ぎ出す

新しい働き方のロールモデル的存在として躍動する5人が見せてくれた実践のスタイルを、私はこう表現しています。

「短期的な成果や、直接的な見返りにこだわらないで、活動そのものを楽しみ、プロセスを大切にする働き方・生き方」

世間に翻弄されず、かといって合理性を無視した理想主義に走ることもなく、進むべき方向や、目指したい未来像を冷静に探索しつつ、立ち止まることなく、実現に向かって情熱を注ぐ姿勢。それは「学ぶ」と「働く」が渾然一体となったスタイル。「学び」を取り込んだワークスタイルとも言えるし、「実践」を取り込んだラーニングスタイルとも言えそうです。そして、1章では、そんなスタイルを推進する3つの原動力が、5人の中に見いだせると語っています。

①際立つ自立性……周囲が高く評価するかどうかより、「自分の好きなようにできるか」を重視する傾向がある。また、会社の指示や社会の風潮を鵜呑みにせず、自分なりの視点・判断基準から考え、自分自身の納得感を重視した意思決定を行う。希少であることに価値を置いていて、横並び意識がとても低い

②旺盛な好奇心……何かを始めることに必要性や根拠を求めず、損得勘定よりも、自分の気持ちを重視して行動する。自分の軸／方向性にこだわらず、柔軟に方向転換していく。目標達成や活動成果に対する執着がなく、試行錯誤や寄り道を通じて、予想外の学びや出会いを経験するプロセスを楽しもうとする

③非消費的な嗜好……新しいことを学ぶ喜びや、仲間と分かち合う喜びなど、金銭以外の報酬に高い価値を見いだしている。また、リクリエーションとしての消費活動（買い物や遊びなど）への関心が低く、享楽的に時間を使うより、何かを真剣に学ぶことやチャレンジすることの方が楽しいと感じている

5人の先駆者たちは、自立指向で、好奇心に溢れ、非消費的な活動スタイルを特徴としながら、「活動を手段化しない働き方・生き方」を実践していますが、ここに挙げた3つの原動力は、内発的に動機付けられた活動を実践する人物の特徴と一致しています。つまり、成果や報酬を得る手段として何かの活動にコミットするつもりはなく、活動ブ

ロセスの中で感じる楽しさ、面白さ、やりがいなど、自分の中から湧き出るやる気によって動機づけられる人々には、しばしば5人の先駆者たちと同じ特徴が見いだせるということです。

ただし、ビジネスパーソンの中には、こんな風につぶやく人がいるかもしれません。

「内発的動機で動く人って非組織人的ですよね」

確かに、5人の先駆者たちは大企業に属さず、独自の価値観やビジョンに基づいて行動し、自己実現に進んでいます。そして、社会変化をジブンゴトと受け止める姿勢、権力や損得に縛られない自由な人間関係、私生活を大切にする働き方など、非組織人的な価値観を強く感じさせるワーク／ライフスタイルを実践している人たちでもあります。その姿勢は、組織の結束力よりも、個人の主体性を圧倒的に重視しているように見えますし、実際、5人の特徴として、私は「際立つ自立性」を真っ先に挙げています。

多くの場合、主体性や自立性を強調する姿勢からは、非組織人的な行動や思考が連想され、協調性が欠如しているかのようなイメージを抱きがちです。ところが、5人の先駆者たちは、個人の価値観やビジョンを大切にしつつも、同時に協調性を重視し、その実現に積極的に取り組んでいるのです。

- 損得を気にせず、病気療養中だった私に何度も会いに来て、何時間も楽しい話を聞かせてくれた神谷俊さん
- 会社経営は「仲間と好きな仕事を続けていきたい」という願いを叶えるための手段だと考えている倉貫義人さん
- 利益、名声、評価といった損得勘定を抜きにした、見返りを求めない人間関係を構築している青木純さん
- 映画製作に関わる若者たちを支援しつつ、コロナ禍で困っているひとり親家庭のために奔走する吉岡マコさん
- 経済合理性だけで判断せず、一人ひとりの思いや結びつきを重視する姿勢でビジネスを展開する影山知明さん

彼/彼女たちのこのような姿は、大きな発想の転換をもたらします。私たちはつい、協調関係を実現するには、メンバーの同質性を基礎とした組織の結束が必要だと考えがちです。一方で、一枚岩的結束による閉塞感を打破するために個人の主体性を尊重すれば、自己責任論的発想を強く意識することになります。そして、主体性の尊重は協調関係を壊すことにつながると考えがちです。つまり、「集団の同質性&協調関係」か「個人の主体性&自己責任」かの二元論的発想になりがちです。ところが、5人の先駆者たちを見ると、非組織人でありながらも、過度な自己責任論に陥ることなく、目先の利益にとらわれない協調性を発揮しているのです。このような姿を見ていると、「個人の主体性」と「他者との協調性」の共存を目指すべきであり、また、私たちはそれを実現できると思えてくるのです。

社会人のあなたとアンラーニング論を語り合う

では、「個人の主体性」と「他者との協調性」の共存という視点は、誰にとって、どのような意味をもつのでしょうか？　ここからは、社会人のあなたとの対話をイメージしながら、組織人（企業人）にとってのアンラーニング論を探ってみたいと思います。

「内発的動機で動く人って非組織人的ですよね」

この言葉は、組織人として「アンラーニングしながら働き、生きる」ことの困難さを暗示しています。繰り返し言ってきたことですが、5人の先駆者たちを通して見えてくるのは、「行動を組織に縛られない」「判断を組織に依存しない」というスタンス。自分にとって当たり前な考え方やモノの見方を見つめ直し、進むべき方向や目指したい未来像を探索するためには、そのようなスタンスが必要不可欠であることを、本書を読んできたほとんどの読者が理解しているに違いありません。

そして、強く感じるのは時代の変化。20世紀後半までの安定した社会が揺らぎ、人々の共通の価値観としての「大きな物語」も消え去りました。社会の流動化と、価値観の多様化が進む現在、幸福のあり方や仕事の意味を一人ひとりが考えることが必要な時代となったのです。今日では、会社や上司の指示通りに働き、学んでいればよかった時代が終わりつつあることを、誰もが感じています。だから、個人が主体性を発揮しながら働き、生きることの意義は決定的だと感じられるはずです。

ところが、組織人としてのビジネスパーソンには、対峙しなければならない「今、ここ」の現実があります。たとえ、アンラーニングの重要性を深く理解したとしても、組織の中で生きている現実から目を逸らすことはできません。人材育成が「手段化された学習」であることを強く感じつつも、生産性の向上が求められている以上、「学習を解き放つためのアンラーニングこそが全てだ」と言い放つ訳にもいかないでしょう。

つまり、求められるのは状況に応じて、臨機応変にバランスをとること。そして、組織人にとって、バランスの取れた行動の指針となるのが、「個人の主体性」と「他者との協調性」の共存というビジョンだと思います。

組織の中で、独自の価値観やビジョンを決して失うことはないが、だからと言って、過度な自己責任論を主張して協調性を乱すことはない。そして、チームとしての成功を分かち合う喜びも知っている。でも、結束力に頼ることで発生する弊害や、組織の同質

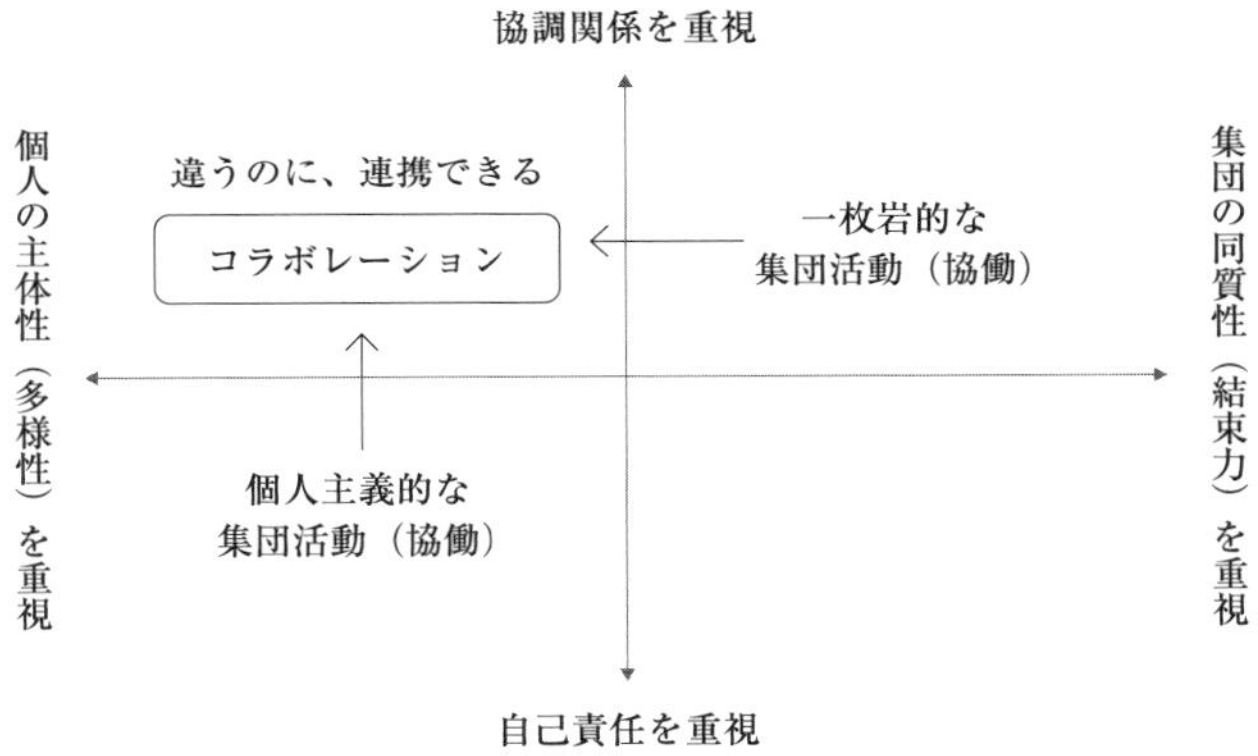

「個人の主体性」と「他者との協調性」の共存

性を強めることの問題点も意識している。だから、同調圧力を排除し、個々人の主体性を保持したまま、協調性を高めていく。一枚岩的結束ではなく、独立した個人によるコラボレーションの実現を目指す。「個人の主体性」と「他者との協調性」の共存というビジョンからは、以上のような活動イメージが浮かんできます。

そして、イメージ通りの活動を実践するためのヒントが、2章で紹介した3つのポイントだと思います。

● ビッグアイデア・クラウドというゆるい関係

・公私の間にある共（common）のマインドセット
・試行錯誤を楽しむための直感と好奇心

2章で説明した通り、実は、この3つは「越境」を始める人へのアドバイスです。越境では、目先の成果を気にせず、探索を継続するプロセスが大事です。多様な人々とのゆるい関係の中で、共（common）のマインドを抱きながら、試行錯誤を重ねることで、焦らずに自分のペースとスタイルで越境を継続することができます。その結果が、古い考え方に凝り固まってしまうことなく、変化する状況に合わせて、新しい考え方を柔軟に受け入れることにつながる。それがアンラーニング論的発想です。

これら3つのポイントを意識することで、「集団の同質性&協調関係」か「個人の主体性&自己責任」かの二元論に凝り固まることなく、主体性と協調性の共存という発想を柔軟に受け入れ、その実践に取り組んでいくことにつながっていくと、私は考えています。

第一のポイントは「多様な人々とのネットワーク」。組織人として週40時間行動しながら、主体性と協調性のバランスをとるには、組織外のネットワークを構築していくことが肝心です。自分と異なる世界に生きる人たちとの出会いを通じて、個人の主体性を醸成していく。強い絆をもつ〝同志〟でもなく、一緒に居て癒される〝心の友〟でもないけれど、利害関係や上下関係に束縛されないで、気軽にあれこれ話せる〝ゆるい関係〟のネットワークは、組織人としてのビジネスパーソンに不可欠です。

また、主体性と協調性の共存には、公（public）と私（private）のどちらにも偏らない意識が求められます。個々人が私利私欲に走る殺伐とした関係を避けると同時に、社会のための自己犠牲が一律の義務となる窮屈な関係を避けながら、一人ひとりが自由意志で、相互に助け合う。そんな関係構築に必要なのは、公と私の中間に位置する共（common）のマインドセットです。

そして、二元論に凝り固まってしまわないために、試行錯誤を続ける意識。シンプルさが求められるビジネス現場では、「主体性か、協調性か」をキッパリと決めたくなるものです。でも、二元論的発想に陥らず、「ここでは主体性を大事にしよう」「今回は協調性を優先しよう」というように、状況に合わせて対応を柔軟に変化させていくことが大切です。つまり、「個人の主体性」と「他者との協調性」の共存とは、主体性と協調性が同時に実現している〝状態〟ではありません。主体性と協調性をダイナミックに使い分け、試行錯誤を継続する〝プロセス〟こそが共存なのです。

「内発的動機で動く人って非組織人的ですよね」

この問いかけで始まった対話的プロセスから見えてきたのは、脱二元論的実践というキーワード。それは、「アンラーニングしながら働き、生きる」ことを、組織人が実践していく可能性を示すと同時に、「個人の主体性」と「他者との協調性」の共存が何を意味するのかを明らかにしています。

組織の中にいても、独自の価値観やビジョンを失わず、過度な同調圧力と自己責任論のどちらも排除しながら、独立した個人によるコラボレーションの実現を目指していこう。脱二元論的実践について考えていると、そんなアンラーニング論が見えてきます。

アンラーニング論的な〝心の自由さ〟とは？

「常に自分の中の〝正しさ〟を揺さぶることで、行動を組織に縛られず、判断を組織に依存しない〝心の自由さ〟を醸成しようとすること。それが手段化しない働き方・生き方。つまり、アンラーニングしながら働き、生きるということだと言えそうです」

第2部の最後では、こんな言葉を使って〝知的探索の旅〟の前半を締めくくっています。アンラーニングをめぐる議論の中で、何度も繰り返してきたキーフレーズが「行動を組織に縛られず、判断を組織に依存しない〝心の自由さ〟の醸成」ですが、この表現は誤解を招く場合もあるので要注意です。例えば、脱常識（世間）という側面が過度に強調され、奇抜な言動を好む人や、現実から目を背ける理想主義者を称賛している印象をもたれる場合もあります。また、非組織的な人物は、自己主張が激しく、協調性がないと決めつけるような、偏った解釈に出会うことも少なくありません。

では、本当の〝心の自由さ〟とは？　自分探しや組織人をイメージしながらアンラーニング論を語り合ううちに、このキーフレーズの本当の意味が鮮明になってきたのではないでしょうか。第一に、「行動を組織に縛られず、判断を組織に依存しない」とは、現実を無視して理想主義に走ることではありません。大切なのは、常識や慣習に対して健全な批判的視点をもつと同時に、高い志と理性をもちながら、自分の中の常識を揺さぶり続けることです。第二に、「行動を組織に縛られず、判断を組織に依存しない」とは、協調性を軽視することでもありません。「個人の主体性」と「他者との協調性」の共存という発想を柔軟に受け入れ、二元論的発想を脱却することが〝心の自由さ〟につながります。だから大切なのは、主体性と協調性の間で常に揺れ続け、試行錯誤をやめないことです。

つまり、「行動を組織に縛られず、判断を組織に依存しない〝心の自由さ〟の醸成」というキーフレーズが意味しているのは、単一の考え方やモノの見方に凝り固まらず、その時々の自分にとってのアタリマエを常に揺さぶりながら、〝より良い自分〟を目指していく多面的で、複合的で、継続的なプロセスのこと。たとえ、手段化された学習観の呪縛が解けたとしても、合理性を無視した理想主義に傾倒することは、自分にとっての正しさに凝り固まっている状態だと、私には思えます。また、同調圧力や集団主義の払拭に成功したとしても、極端な経済合理性や自己責任論を主張するなら、やはり、自分にとっての正しさに凝り固まっている状態だと言えるでしょう。端的に言えば、〝心の自由さ〟とは、何にも凝り固まっていない考え方や視点のことで、常識外れな人や自己顕示欲の強い人といったイメージは全くの的外れということです。

もちろん、何にも凝り固まっていない考え方や視点にたどり着くのはとても難しく、「できた」と思う瞬間はあっても、長続きしません。私自身のことを振り返ってみると、「よしこれだ」とすぐ思い込んでしまう自分に気付き、情けなく感じることが少なくありません。でも、大切なのは「より良くなろう」という意識を忘れず、自分の中のアタリマエを揺さぶり続けること。それがアンラーニング論的発想です。

大学生のあなたとアンラーニング論を語り合う

さて、学習を〝心の自由さ〟を醸成する行為の総称と理解するアンラーニング論は、今日の大学生にとって、どのような意味をもつのでしょうか？　大学生のあなたとの対話をイメージしながら、大学における教育／学習のアンラーニング論を探ってみたいと思います。

「世界は無限に広いこと、多様であることをビビッドに感じ、自分はそもそも何を目指し、なぜ学ぶのかを問い続けながら学んでいく最初の一歩として、脱予定調和的なドキドキ感を楽しめるようになってほしいと考えています」

2章では、「越境」を始める大学生に期待することをこんな風に語っていますが、この言葉には私から大学生へのメッセージを込めています。それは、「高校時代の学習観から、自分自身を解き放て」ということです。

ここまでの議論では、主に仕事の文脈の中で発生する「学習の手段化」を問題視してきましたが、大学生にとっては人材育成よりも、もっと身近に感じる「手段化された学習」があります。それは**受験勉強**。繰り返し述べてきましたが、「手段化された学習」とは、学校や教員がお膳立てした目的を無批判に受け入れ、ゴールを目指して全力疾走し続けること。大学生なら「これは受験勉強のことだ」と思うはずです。

つまり、大学における教育／学習のアンラーニング論の本質は脱受験勉強にあるということです。大学生にとっては聞き飽きた話だとは思いますが、改めて、脱受験勉強ってどういう意味かを考えてほしいのです。

おそらく、すぐに2つの意味が思い浮かぶはずです。「主体的に学ぶ」と「実践力を学ぶ」。平たく言ってしまえば、「先生に言われなくても学習すべきだし、学習の目的はテストで良い点を取ることじゃない」ということ。人によって表現方法はいろいろで、微妙なニュアンスの違いはあっても、多くの人が同意すると思います。

ただし、脱受験勉強には、もうひとつ重要な意味があります。それは「手段化された学習からの解放」です。「生徒から学生へ」と脱皮して主体性を発揮するようになっても、企業の即戦力となるための実践的な知識とスキルを磨いても、それだけで脱受験勉強が達成できたことにはならないと思います。

「自分はそもそも何を目指し、なぜ学ぶのか」

この問いかけに真摯に向き合うことで、大学での学びが本当の意味で充実したものになると、私は考えています。そして同時に、世間に翻弄されず、進むべき方向や、目指したい未来像を冷静に探索しつつ、活動そのものを楽しみ、プロセスを大切にする。そういう働き方・生き方への一歩目を、大学での学びからスタートすることができるのです。

もちろん、実践的な知識やスキルを習得することも、重要な学習活動の一部です。でも、学習観の脱手段化に取り組むことも大学生には必要です。肝心なのは安易な二元論に陥らないこと。だから、周囲からのこんなアドバイスには要注意です。

「やりたいことが見つかってないなら、目の前のことを頑張ってみたらどう？　自分探しに悩むより、多くのことを学んでおいた方がいい。知識やスキルを身につけておけば、やりたいことが見つかった時に役立つのだから」

本書を読んできた方々にとって、このアドバイスが二元論的な問題を含んでいることは明らかでしょう。そして、「そもそも何を目指し、なぜ学ぶのか」を自分自身に真剣に問い続けない限り、進むべき方向や目指したい未来像が見つかることはありません。だから、現実を無視して理想主義に走ることなく、脱受験勉強的な意味での学習に取り組んでいく。それは、「なぜ、自分は学ぶのか」を考えながら、学ぶことの意義を本気で探り、進むべき方向や、目指したい未来像を自分自身で見つけ出すこと。そして、その探索的なプロセス自体が、意義深い学習の一部だと多くの大学生に気付いてほしいのです。

では、どうやって脱受験勉強に向けて歩み出すか。私が勧めるのは、やはり「越境」です。そして、改めて大学生が越境する意味に焦点を絞り、脱受験勉強に向けた越境の実践について整理すると、圧倒的に大切なのは「越境してみる」という経験それ自体です。具体的な達成目標などは一切不要。「どうすれば上手く越境できるか」なんてことはあれこれ考えず、まずは直感と好奇心で動いてみて、ドキドキ感やモヤモヤ感を味わってください。
2章で強調した通り、大切なのは「知識を身につけよう」とか、「目に見える成果を上げよう」と焦らないこと。目の前の成果を気にせず、越境のプロセスを味わいましょう。そして、5人の先駆者たちのように直感と好奇心を大切にしながら越境を繰り返していると、いつの間にか脱予定調和的なドキドキ感を楽しめる自分になっている。そんなイメージで活動していくのがいいと思います。つまり、「成果よりプロセスを大切にする」ということです。そして、

「頑張りすぎないけど、気持ちは切らさない」

こう言ってしまうと、「そんなゆるいやり方で大丈夫かな」と不安になるかもしれません。でも、脱受験勉強型の学習観に変えていくには、これぐらいの心持ちがいいと思います。それは、試行錯誤しながら進んでいくことが大切だからです。結果を気にしすぎては、試行錯誤はできません。そのプロセスではたくさんの失敗をするはずですか

ら。上手くいかず不甲斐ない思いをしたり、不運なできごとに遭遇しても、気持ちを切らさず、焦らないでチャレンジし続けることが大事です。だから、「頑張りすぎないけど、気持ちは切らさない」ぐらいがちょうどいいのだと、私は考えています。

そして、あるとき「何気なく振り返ってみたら、学んでいたことに気づいた」のなら、脱受験勉強できたということ。つまり、「ゴールを目指して全力疾走する」という受験勉強型とは正反対のスタイルが身体知化されたことを意味します。

そう考えると、社会人への「越境を始めるための3つのヒント」が、大学生には少し違った意味をもつことに注意しましょう。

- ビッグアイデア・クラウドというゆるい関係
- 公私の間にある共（common）のマインドセット
- 試行錯誤を楽しむための直感と好奇心

多様な人々とのネットワークをもつこと。公と私のどちらにも偏り過ぎない意識をもつこと。結果を気にせず試行錯誤にチャレンジすること。この3点は大学生にとっても重要なことです。ただし、「何気なく振り返ってみたら、達成していたと気づいた」という状態でいいのです。けっして、ミスなく達成しようと意気込まないこと。また、この3つがあたかも充実した大学生活の前提条件であるかのように意識し、「私は3つどころかどれもできてないよ」などと悩まないこと。そのような意識がかえって脱受験勉強（＝手段化された学習観からの解放）を阻害することになるのですから。

おそらく、「何気なく振り返る」のは、卒業の時でいいと思います。つまり、受験勉強とは違って、それくらいゆったりした時間感覚で学ぶことができる。それが大学での学びの最もユニークな特長だと、私は理解しています。

最近は大学が人材育成の場と見られることも多く、大学生自身も少なからず意識しているように感じます。でも、4章で明らかにした通り、利益を追求するための「手段としての学習」が人材育成です。企業の資金で、企業のために、速やかに成果を出すことが求められる特殊な学習であって、目的も時間感覚も大学とは明確に違います。

受験勉強と人材育成。2つの「手段化された学習」に挟まれた大学生だからこそ、「自分はそもそも何を目指し、なぜ学ぶのか」を本気で探索していくことに意義があるのです。受験勉強を乗り越えてきた頑張りは素晴らしいと思います。でも、だからと言って、大学での学習を受験勉強から人材育成への単なる橋渡しと考えるべきではありません。脱受験勉強とはその努力を否定することではなく、ステップアップして、新たな方向の学習にチャレンジすることを意味します。

その第一歩として、短期的な成果を気にせず、プロセスを大切にしながら、「手段化された学習」で凝り固まった自分を解きほぐしていきましょう。ただし、「頑張りすぎないけど、気持ちは切らさない」意識で越境を繰り返す。そして、ふと気がつけば、脱予定調和的なドキドキ感やハラハラ感を楽しむ自分になっている。そんなゆったりした時間感覚の中で学んでいけば、受験勉強の途中でこじらせてしまった問題解決症候群も徐々に治っていきます。手を抜かず、真摯な姿勢をもちつつも、決して焦らないことです。越境はゆっくり効いていく漢方薬ですから。

そして、アンラーニング論を語り続ける

「アンラーニング術ではなく、アンラーニング論が必要だ」

このメッセージを伝えるために、著者に求められる役割は知識を伝達することではなく、対話をいざなうことだと、私は考えています。でも、学習の研究者に読者が望むのは「論」よりも「術」なのかもしれません。実際、私の研究テーマが学習だと知った人から、「そもそも学習とは何ですか」と問いかけられたことは一度もありません。よく聞かれるのは、「どうすればいいか教えてください」ということ。

ところが、私はこの問いに上手く答えられません。私にとってこの問いは、「どうすれば幸福になれるか教えてください」という言葉と同じような意味をもっています。人が幸福になるためのノウハウやテクニックを探そうとするのはナンセンス。自分にとっての幸福をどう意味づけるかによって、幸福になるか不幸になるかが決まることを、私たちは皆知っています。だから、幸福になる方法のセミナーに参加するより、『青い鳥』を

読み、語り合います。自分にとって「幸福とは何か」という本質的な問いを考えるために。つまり、幸福術を探すのではなく、幸福論を語り合うことを、私たちはごく自然にやっています。

学習も同じように考えてみてはどうでしょうか。まずは、学習を知識習得や能力向上とみなす視点を一旦脇に置いてみる。そして、広い意味で人間としてより良くなっていく、多面的で、複合的で、継続的な行為の総称として、学習という活動を理解してみましょう。すると、受験勉強や人材育成とは異なるイメージが湧いてきます。例えば、直接的な見返りや短期的な成果を気にせず、凝り固まった自分を解きほぐすプロセスを楽しむ学習者。多様な行為が複雑に絡み合いながら進んでいく試行錯誤を通じて、ゆっくりと〝より良い自分〟になっていく。そんなイメージが「手段化されていない学習」の姿として浮かび上がってきます。

「そして何より、先駆者たちの話を聴くにつれ、知識・スキルの習得よりも圧倒的に大切なことがあると気づき、古い価値観や慣習にとらわれない〝未来の常識〟を先取りした働き方にチャレンジする勇気をもらえるのです」

1章で5人の先駆者を紹介する際、私はこんなことを言っています。さて、圧倒的に大切なこととは何か？　イメージの断片を少しずつ描きながら、ここまで〝知的探索の旅〟を続けてきました。そして、旅が終わりを迎える今、「知識・スキルの習得よりも圧倒的に大切なこと」の全体像はもう明らかでしょう。

ただし、そのイメージは読者一人ひとり違うものでいいのだと思います。だから、私が思い描く〝正解〟は、あえて言語化しないでおきましょう。〝知的探索の旅〟の終わりだからといって、全てを語り尽くすつもりはありません。なぜなら、「アンラーニング術よりもアンラーニング論」という視点に立てば、著者である私の役割は知識伝達ではなく、アタリマエを揺さぶる対話的プロセスをいざなうことですから。

おわりに

エピローグは誰に向けて書かれているのでしょうか。読者に伝えたいことなら本文の中に書くはずです。ということは、伝わらなくてもいいことを書くのがエピローグなのかもしれません。読者に伝わらないかもしれないけれど、書き留めておきたいメッセージを自分自身に届けるための余白。エピローグが本文を書き終えた著者へのご褒美のようなものなら、この本の背景について、エスノグラファーの問わず語りを少しだけしてみたいと思います。

私はこの本をエスノグラフィーだと考えています。もちろん、大学院で読む方法論の教科書で紹介されている古典的エスノグラフィーとは位相が異なります。でも、「アンラーニングしながら働き、生きる」ことをめぐる私個人の参与観察的なフィールドワー

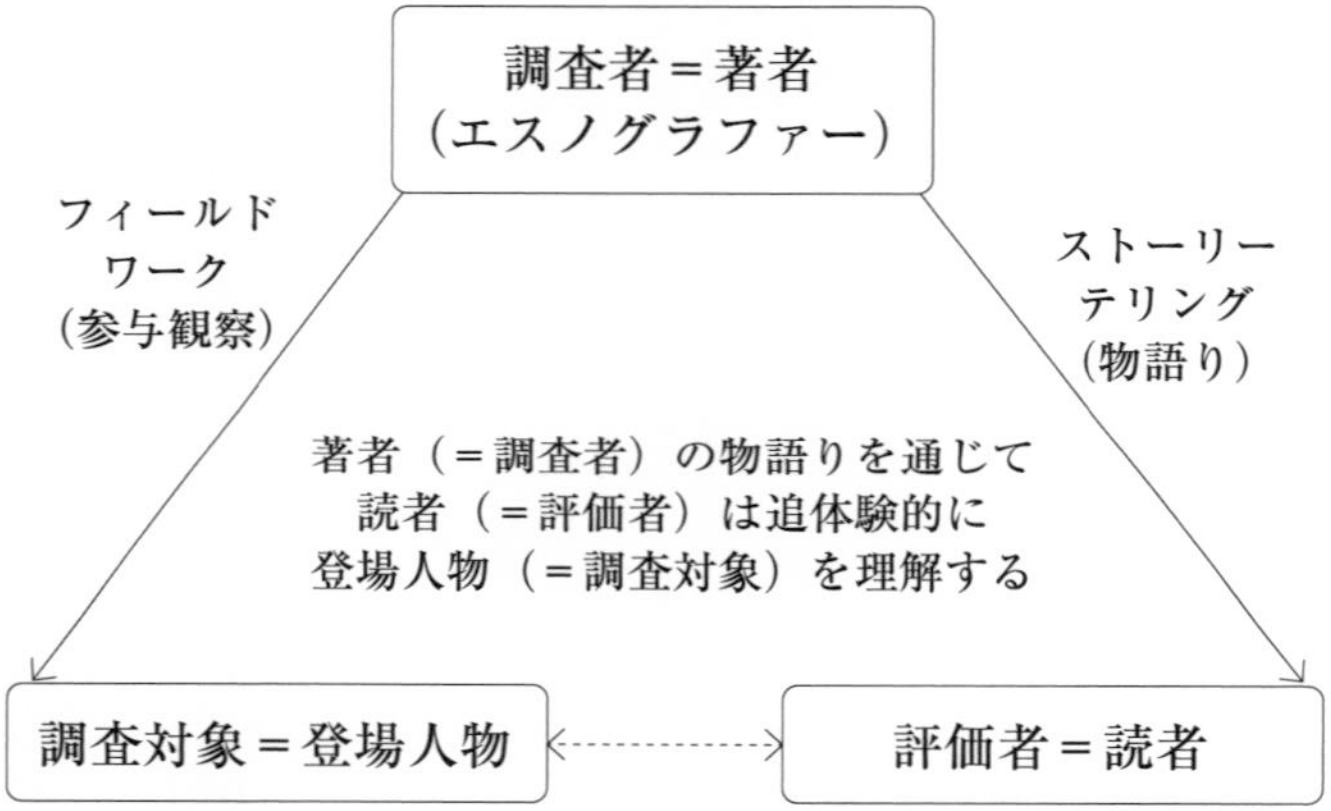

エスノグラフィー＝フィールドワーク＋ストーリーテリング

クの経験を読者に追体験してもらう。そのためのストーリーテリングだという点において、私の中ではエスノグラフィーだと言えるのです。

おそらく、大学院時代に読んだ『文化を書く』[1]の影響が強いのだと思います。この有名な文献はエスノグラフィーという方法論をめぐるさまざまな問題を提起することになりましたが、表現の客観性をめぐる議論が私には強く響きました。そして、フィールドワークを表現する（語る、書く、描く）という行為に関する議論は、その後、メディアや文体の実験的試みを活性化するとともに、表現の実践プロセスに対する新たな分析的視点を切り開くことにつながっていったと、私は考えています。

学生教育においては、この点を特に意識しています。大学でエスノグラフィーを学ぶ際、参与観察というフィールドワークの方法や、質的データの分析手法を出発点にすることが多いようですが、私の研究室では **「エスノグラフィー＝フィールドワーク＋ストーリーテリング」** という理解を出発点にします。というのも、エスノグラフィーを〝手段〟とみなすのではなく、そのエッセンスや怪しさを踏まえつつ、フィールドワークとストーリーテリングを自由自在に実践することで、「活動としてのエスノグラフィー」という感覚を摑んでほしいからです。やはり私には「手段化しない」ことへの志向が強いようです。

一方、私自身の実践については、「追体験してもらう読者は誰か」と「どんなメディアに載せて表現するのか」を事前に決めずに今回のエスノグラフィーを開始したことを

1　J．クリフォード＆G．マーカス編（1996）『文化を書く』紀伊国屋書店

言っておくべきでしょう。

この試みについては、「調査者／調査対象」と「著者／読者」の対比から発想を得ています。古典的なエスノグラフィーの場合でも、調査者と調査対象はフィールドワーク開始後に出会うものだと、私たちは理解しています。そして、調査対象との信頼関係（ラポート）を築くことの重要を意識し、調査者はそのプロセスを詳細に描く。それがフィールドワークにおける〝常識〟のようなものです。

では、エスノグラフィーの著者と読者はどんな関係にあるのでしょうか？　多くの場合、学術的な成果物（専門書・論文）としてアウトプットすることを著者（＝調査者）は事前に決めているはずです。当然、読者は研究者、メディアは学術雑誌か専門書。だから、読者との出会いや関係構築のプロセスが詳細に記述されているエスノグラフィーは、なかなか想像できません。

さて、『文化を書く』の問題提起を真正面から受け止め、表現という行為が実践されていく固定的なプロセスを新たな視点から再構築していこうとするなら、「読者は誰か」「メディアは何か」を探索すること自体をエスノグラフィーの一部としてみるのはどうでしょう。そして、著者が読者とメディアを主体的に決めていくプロセスと、調査者が参与観察を進めるプロセスの2つが相互に絡み合う中で、自己再帰的なエスノグラフィーが実践されていく。そんな方法論的実験をやってみるのも悪くないという気持ちが、私の中に芽生えていたのかもしれません。

ただ、本当のところは、実験的なチャレンジという勇ましさばかりではなく、私にはこのようにしか動けないという側面があることも否定できないのです。つまり、表現に関する新たな方法論というより、私の働き方であり、生き方。テキパキと成果物を量産するより、こういうスタイルが性に合っているのだと思います。だから結局、15年間さまよい続けてしまいました。

その間、いわゆる組織エスノグラフィーとして執筆する方向に傾きかけた時期もありました。でも、最終的に、ゆっくり味わいながら読んでもらう本を若い読者に届けたいという気持ちに固まっていったのは、参与観察の中で〝5人の先駆者たち〟や〝場づくりの達人〟と出会い、関わりを深めていったことからの自然な成り行きだったのだと、今では思っています。

本書の主人公とも言える5人の先駆者たちは、私にとって研究対象というより、学生たちの越境を支援してくれた人々。大学を飛び出し越境する学生たちを、境界線の両側から支援するのが私と先駆者たち。だから、5人との対話はいつでも実践の中の出来事であり、対話の中に出てくるのは名前で呼ばれる若者たち。実際、5人にフォーマル・インタビューを行ったのは今回が初めてでした。

また、場づくりの達人たちは、私を場づくりというテーマに引き寄せてくれたビッグアイデア・クラウド。当時、病気療養中だった私はアマチュアリズムの精神で2人の話を聞き、純粋に楽しみながら学んでいたのです。そして、今でも鮮明に覚えているのは、銀座にある書店での2人の対談。企画したのは長岡研究室の卒業生で、ブックコンシェルジュとして活躍中だった兼頭啓悟さんでした。とても悲しいことですが、昨年の夏、兼頭さんは病気のため28歳の若さで亡くなりました。今でも私の中の悲しみは大きなままですが、彼がつないでくれたネットワークの成果がこの本の3章です。

そんな人々との関係性の中で「働くこと、生きること」と「学ぶこと」の新たな結びつきを探ってきたエスノグラフィーであることを意識して、届けたい読者にふさわしい表現のスタイルを探りながら、私はこのモノグラフを書いてきました。

ただし、エスノグラフィーを書くときいつも悩まされる問題に、今回もまた悩まされました。「著者である私は一体何者なのか」、それがきちんと描かれていることがエスノグラフィーには求められると、私は考えています。そして同時に、著者である自分自身をいかに描くかという自己再帰性の問題にいつも悩みます。

フィールドワーカーは参与観察の中で変容していきます。現場へのコミットが深くなるほど、変容の幅は大きくなります。そして、変容したフィールドワーカーがストーリーテラーとなる時、以前の自分自身を否定することになるとようやく気づくのです。

もうすでに多くの読者が気づいていると思います。4章で言及した組織論研究者のひとりは私自身です。15年程前、私が担っていた役割は大きいものではありませんでしたが、人材育成の実務家、学習科学者、組織論研究者の三者が構成するネットワークの中に私がいたことは事実です。経験学習論を〝輸入〟し、ビジネスの文脈に沿って〝翻訳〟

し、人材育成というビジネス活動の中に〝学習〟という概念を浸透させようとする当事者としての経験。「学習の手段化」という概念を使ってその経験を分析するという視点が、当時の私にはありませんでした。

人材育成に関する2冊目の共著を書き上げた頃、それまでの活動フィールドを離れ、「働くこと、生きること」と「学ぶこと」の新たな関係を探るフィールドワークを開始しました。人材育成の進展を目指す動きの中で、ひとりの当事者としてどんな経験をしたのか。その後のフィールドワークを通じて、著者である私自身はどのように自己変容してきたか。このモノグラフの4章は、自己再帰的なエスノグラフィーという側面を意識して執筆したものです。

さて、「問わず語りを少しだけ」と言ってはじめたわりには、長々と語ってしまいました。15年間の経験と思いがカタチになって、私の中でようやく区切りがついたのだと思います。埋もれかけていた15年間をカタチにする場を用意してくれたのは、翔泳社の渡邊康治さんです。また、15年間さまよい続けた森の中から抜け出し、本としてカタチにするには、宮本恵理子さんの助けが不可欠でした。そして、長岡研究室の卒業生と学生が大きな役割を担ってくれたことは言うまでもありません。彼／彼女たちが行った越境に関わる中で気づいたことを、彼／彼女たちと対話しながらカタチにしていったのですから。

テーマが揺らいだり、居場所を変えたり、病気になったり、ゆらゆらと歩んできた15年間でした。私を支えてくれた皆さんに、そして、家族に感謝します。

2021年秋　カナルカフェにて

長岡 健

本書に関するお問い合わせ

このたびは翔泳社の書籍をお買い上げいただき、誠にありがとうございます。弊社では、読者の皆様からのお問い合わせに適切に対応させていただくため、以下のガイドラインへのご協力をお願いいたしております。下記項目をお読みいただき、手順に従ってお問い合わせください。

●ご質問される前に

弊社 Web サイトの「正誤表」をご参照ください。これまでに判明した正誤や追加情報を掲載しています。

正誤表 https://www.shoeisha.co.jp/book/errata/

●ご質問方法

弊社 Web サイトの「刊行物 Q&A」をご利用ください。

刊行物 Q&A https://www.shoeisha.co.jp/book/qa/

インターネットをご利用でない場合は、FAX または郵便にて、下記 " 翔泳社 愛読者サービスセンター " までお問い合わせください。電話でのご質問は、お受けしておりません。

●回答について

回答は、ご質問いただいた手段によってご返事申し上げます。ご質問の内容によっては、回答に数日ないしはそれ以上の期間を要する場合があります。

●ご質問に際してのご注意

本書の対象を超えるもの、記述個所を特定されないもの、また読者固有の環境に起因するご質問等にはお答えできませんので、あらかじめご了承ください。

●郵便物送付先および FAX 番号

送付先住所 〒 160-0006 東京都新宿区舟町 5
FAX 番号 03-5362-3818
宛先（株）翔泳社 愛読者サービスセンター

※ 本書に記載された URL 等は予告なく変更される場合があります。

※ 本書の出版にあたっては正確な記述につとめましたが、著者や出版社などのいずれも、本書の内容に対してなんらかの保証をするものではなく、内容やサンプルに基づくいかなる運用結果に関してもいっさいの責任を負いません。

※ 本書に記載されている情報は 2021 年 11 月執筆時点のものです。

著者紹介

長岡 健

（ながおか・たける）


法政大学経営学部教授。東京都生まれ。慶應義塾大学経済学部卒、英国ランカスター大学大学院・博士課程修了（Ph.D.）。専攻は組織社会学、経営学習論。

組織論、社会論、コミュニケーション論、学習論の視点から、多様なステークホールダーが織りなす関係の諸相を読み解き、創造的な活動としての「学習」を再構成していく研究活動に取り組んでいる。現在、アンラーニング、サードプレイス、ワークショップ、エスノグラフィーといった概念を手掛かりとして、「創造的なコラボレーション」の新たな意味と可能性を探るプロジェクトを展開中。

共著に『企業内人材育成入門』『ダイアローグ 対話する組織』（ともにダイヤモンド社）、『越境する対話と学び』（新曜社）などがある。

取材協力――宮本 恵理子
装丁――斉藤 よしのぶ
DTP――BUCH+

みんなのアンラーニング論
組織に縛られずに働く、生きる、学ぶ

2021 年 12 月 20 日 初版第 1 刷発行

著　者　長岡《ながおか》 健《たける》
発行人　佐々木 幹夫
発行所　株式会社 翔泳社（https://www.shoeisha.co.jp/）
印刷・製本　株式会社 広済堂ネクスト

本書へのお問い合わせについては、246 ページに記載の内容をお読みください。

造本には細心の注意を払っておりますが、万一、乱丁（ページの順序違い）や落丁（ページの抜け）がございましたら、お取り替えいたします。03-5362-3705 までご連絡ください。

ISBN978-4-7981-6431-1

Printed in Japan